Investissement Immobilier

Investir dans l'Immobilier Locatif pour Générer des Revenus Passifs et Atteindre l'Indépendance Financière : Trouver et Financer des Offres Gagnantes, Assurer une Gestion Immobilière sans Stress, et Bâtir Richesse et Succès

Par Alexander S.

1ère édition. Décembre 2023.

ISBN : 9798872490623

REMERCIEMENTS

Je suis de retour avec la deuxième partie de cette série de livres sur l'investissement. Merci pour le bon accueil du premier et pour et pour m'avoir apporté la motivation dont j'avais besoin pour écrire cette deuxième partie. Dans ces guides, je veux vous montrer comment ma famille et moi avons atteint la liberté financière et comment vous pouvez y parvenir également.

Cela fait plus de 20 ans que je m'intéresse à l'investissement. Ma gratitude à toutes les personnes qui, à un moment donné, ont demandé de l'aide, car grâce à vous, il a été possible de rassembler les connaissances contenues dans ce livre et que je peux maintenant et souhaite partager avec tous ceux qui pourraient le trouver utile.

Le processus d'écriture de ce livre a été un voyage passionnant, et j'espère qu'il en sera de même pour vous. Dédié à ma famille et à toutes les personnes qui m'ont encouragé à écrire cette deuxième partie.

TABLE DES MATIÈRES

INTRODUCTION

Je suis de retour avec la deuxième partie de cette série de guides d'investissement où je veux vous montrer comment ma famille et moi avons réussi à atteindre notre liberté financière et comment vous allez y parvenir également. Si vous n'avez pas encore lu la première partie « Liberté financière : Guide d'investissement pour devenir riche étape par étape avec les fonds indiciels, les ETF et l'immobilier », je vous encourage à le faire, car tous les secrets que je vous montre ici sont complémentaire avec d'autres méthodes d'investissement.

Bienvenue dans un voyage fascinant dans le monde des investissements, où la clé n'est pas seulement d'accumuler de l'épargne mais d'investir intelligemment et sur le long terme. Avec ce livre, j'ai l'intention de vous guider vers l'élaboration du plan qui vous mènera à l'indépendance financière, en vous libérant de la dépendance exclusive de votre travail pour couvrir vos dépenses. Sur ce chemin, il n'y a pas de raccourcis, seulement la certitude d'un progrès lent mais sûr.

Je vous emmènerai au cœur de la gestion financière, en partageant les leçons que j'ai tirées de mes erreurs tout au long de ma vie et en vous invitant à mettre ces connaissances en pratique à mes côtés.

Ce livre s'adresse à tous ceux qui souhaitent comprendre de manière pratique le monde de l'investissement, et plus particulièrement la méthode d'investissement immobilier accessible à tous. Il n'y a pas de limite d'âge pour découvrir ces enseignements ; Chacun peut tirer ses propres leçons de ce livre.

Je vous ai déjà dit que nous sommes une famille commune et que nous avons accordé l'importance qu'elle mérite à nos finances personnelles. Nous avons investi nos économies année après année et de cette façon, nous avons atteint notre liberté financière et nous atteignons tous nos objectifs. Chaque personne devra définir ses propres objectifs, qui serviront de motivation pour ne pas abandonner dans les moments de faiblesse.

La liberté financière ne s'obtient pas en quatre jours, c'est impossible. Depuis l'achat de mes premières actions à 24 ans et mon premier investissement immobilier à 28 ans, j'ai exploré diverses méthodes et découvert la seule approche viable : lire, étudier et appliquer mes connaissances. J'ai appris de mes erreurs avec dévouement, efforts et persévérance.

Ce livre est une invitation à un voyage passionnant, plein d'apprentissages et d'opportunités où je vous apprendrai à investir dans l'immobilier en toute sécurité et sur le long terme.

Nous sommes quatre à la maison. Nos filles étudient actuellement à l'université, nous continuons à travailler dur, parce que nous aimons ça, cela nous contribue et nous fait grandir personnellement et professionnellement. Nous disposons de différents types d'actifs : revenus variables, revenus fixes et investissements immobiliers en résidences. Environ la moitié de nos actifs sont des placements immobiliers et l'autre moitié des actifs boursiers.

L'un des aspects que nous apprécions le plus de l'investissement immobilier est qu'il nous procure des revenus récurrents que nous pouvons réinvestir, ce qui nous permet de créer de nouvelles opportunités, principalement en fonction de notre capacité à les identifier et à les exécuter.

Devenir un expert en investissement immobilier en quatre jours est impossible. Cependant, en quatre jours, ou moins, vous pourrez lire ce livre. Les livres changent les pensées et, en fonction de nos pensées, nous agissons. Je m'appelle Alexandre et connaissance, méthode et persévérance sont les ingrédients dont vous avez besoin.

Commençons ! …

CHAPITRE 1 – VIVRE DE REVENUS PASSIFS : COMPRENDRE LES STRATEGIES ET LES ENJEUX DE L'INVESTISSEMENT IMMOBILIER

Nous commençons par répondre à certaines des questions que beaucoup se posent avant d'investir dans l'immobilier :

Combien d'appartements dois-je avoir pour vivre en loyer ? Dans quel type de maisons dois-je investir pour accélérer le processus ? Combien de temps ai-je besoin pour récupérer mon investissement ? Quels risques nécessaires ou inutiles est-ce que je prends ?

Investissez dans l'immobilier et vous vivrez de revenus passifs. Un titre parfait.

Court, puissant et avec un effet spectaculaire pour le public. De plus, c'est réalisable. C'est certainement. Mais sous le titre, qui n'est que la pointe de l'iceberg, se cache un énorme morceau de glace. Regarder :

Entre garages et habitations, à l'heure où j'écris ces mots nous possédons une quinzaine de propriétés. Toutes les propriétés sont louées à long terme dans notre cas.

C'était en 2003. J'ai acheté une maison pour 200 000 $ et en 2006, juste avant la crise, je l'ai vendue pour 300 000 $. Bénéfice brut de 100

000 $ en trois ans. Pas mal pour commencer. Mais il s'est avéré que c'était une pure chance. Achetez au hasard dans un marché en hausse et vendez au hasard à un moment critique.

Cependant, de 2009 à 2014, c'est le contraire qui s'est produit pour moi, car la méthode que j'ai décrite ne fonctionne que lorsque les prix des logements augmentent de 15 % par an. Et c'est quelque chose qui n'arrive généralement pas.

Quand on confond la sortie avec entrée, nous pouvons avoir des problèmes. La sortie est le résultat. Et cela peut être bon grâce à une bonne contribution (bon travail préalable) ou à cause du hasard. Et soyez prudent, car cela peut aussi être mauvais malgré une bonne contribution.

Alors maintenant, fort de près de vingt ans d'expérience en tant qu'investisseur immobilier, je vais partager mon point de vue sur la façon de vivre des revenus des propriétés louées.

Combien d'appartements dois-je avoir pour vivre en loyer ? Calculs pour vivre de revenus avec un investissement immobilier.

Tout d'abord, nous allons définir le montant d'argent dont vous avez besoin pour vivre de vos revenus. Il est évident que cela dépend de chaque cas particulier. Imaginez un salaire annuel moyen de 36 000 $ net. Fixons-nous donc pour objectif de gagner 3 000 $ par mois. Je ne dis pas que c'est ce dont vous avez besoin. C'est juste un exemple pour faire le calcul.

La question suivante serait : pour gagner 3 000 $ nets par mois, combien d'appartements devez-vous louer ? Oubliez les montants des revenus locatifs. Ce qui compte vraiment ici, c'est ce qu'il vous reste dans votre poche chaque mois.

Si vous gagnez 6 000 $ par mois en loyer, mais que vos dépenses associées à ces loyers sont de 6 500 $ par mois, vous pouvez imaginer que chaque jour qui passe, vous avez besoin de plus d'argent pour entretenir vos investissements.

Ici, nous recherchons le contraire. Nous cherchons à générer 3 000 $ par mois, soit la différence entre le revenu mensuel et tous les coûts mensuels (taxes incluses).

Nous allons donc essayer de comprendre de combien d'étages nous avons besoin. Il existe une réalité en matière d'investissement immobilier : plus la maison que nous achetons est bon marché, plus elle a tendance à être rentable (en pourcentage).

Quel prix de location est toujours très demandé ?

Pensons à un couple dans lequel les deux gagnent un salaire mensuel net de 6 000 $. Cela implique que dans leur cas, ils pourraient allouer environ 1 800 $ par mois (30 %) au loyer, sans trop de problèmes.

Comme ils forment un couple qui réfléchit beaucoup à leur avenir, ils préfèrent chercher une maison pour environ 1 400 $ par mois. Ils pourront ainsi accroître encore davantage leur épargne et leurs investissements. Après tout, ils ne veulent vivre que quelques années de loyer. Ensuite, ils veulent acheter leur propre maison. Et qui sait ? Peut-être même agrandir votre famille. Pensons donc à un loyer de 1 400 $ par mois.

Passons à la question suivante :

Combien coûtent les maisons louées à 1 400 $ par mois ?

C'est une question cruciale. La réalité est que la dispersion des prix est très grande. Et c'est là la beauté du secteur immobilier. Il est très facile d'acheter des appartements qui coûtent 340 000 $ ou plus et qu'on peut à peine louer pour 1 400 $ par mois. De la même manière, vous pouvez également trouver des maisons (même si vous devrez travailler beaucoup plus dur) dans lesquelles vous n'investirez que 175 000 $ plus les taxes correspondantes et que vous louerez également pour 1 400 $ par mois.

Les seconds sont plus anciens. Ils nécessitent plus d'entretien. Ils se trouvent dans des zones pires. Ils ne disposent généralement pas d'ascenseur et nécessitent parfois des rénovations plus ou moins importantes. Dans les grandes capitales, il est très difficile de trouver un logement pour « seulement 175 000 dollars ». Mais à mesure qu'on s'en éloigne ou qu'on regarde dans des capitales provinciales moins glamour, il est plus facile de trouver ce type d'opportunités lorsqu'on cherche avec méthode et persévérance.

Le problème avec ces maisons très rentables, c'est qu'elles sont plus risquées. Risque de déversements futurs et, surtout, un risque plus important pour le locataire (même si vous pouvez le réduire considérablement si vous utilisez la méthode dont je vous parlerai dans les derniers chapitres du livre). La qualité du locataire n'est pas si bonne. Et c'est pourquoi nous savons que la probabilité de défaut peut augmenter.

Nous voulons bien sûr vivre de nos revenus. Mais nous souhaitons aussi dormir la nuit avec une certaine tranquillité d'esprit. Car traverser la vie sans avoir bien dormi n'est pas non plus un bon plan.

Supposons que nous soyons des investisseurs qui recherchent la rentabilité tout en ayant une bonne qualité de sommeil. Pour cette raison, nous envisageons des investissements dans des maisons de 250 000 $ (ni aussi bon marché que celles de 175 000 $ ni aussi chères que celles de 340 000 $) que nous pouvons louer pour 1 400 $ par mois (à titre d'exemple, dans l'un de mes derniers investissements pré-covid, j'ai acquis une maison au prix de 285 000 $ et j'ai été rapidement louée pour 1 550 $ par mois).

Il s'agit d'investissements rentables qui peuvent comporter un risque modéré à faible si nous faisons un choix judicieux de locataires. Il s'agit d'un scénario possible dans un rayon de 30 milles autour de pratiquement tous les endroits de votre pays ou région. C'est donc potentiellement quelque chose que vous pourriez faire.

Les chiffres parlent d'eux-mêmes.

Vous les examinerez plus tard dans un tableau ; pour l'instant, croyez-moi et continuez à lire. Une façon de générer un salaire mensuel de 3 000 $ est d'investir dans dix maisons d'un coût de 275 000 $ chacune. Considère ceci !

Et vous vous retrouvez à penser : « Dix maisons pour gagner SEULEMENT un salaire de 3 000 $! » N'y allez pas, maintenant la fête des détails commence. Et ce sont toujours les détails qui font la différence entre un bon investisseur et un investisseur moyen.

Je joins un tableau où j'ai résumé les principaux calculs de notre investissement type :

Concept	Investissement 250 000 $
Prix d'achat	256 000 $
Loyer mensuel	1 400 $
Flux de trésorerie mensuel (environ)	280 $
Les capitaux propres mensuels augmentent en raison de l'amortissement de la dette (env.)	510 $
Nombre de logements pour un salaire de 3 000 $	10 à 11 logements (3 000/280)
Épargne versée pour le logement	84 000 $
Capital total nécessaire pour obtenir le salaire mensuel	840 000 $
Dette initiale pour le logement	205 000 $
Dette initiale totale (si nous avons acheté toutes les maisons en même temps)	2 050 000 $

"Tableau. Principaux calculs de "notre" investissement type. "

Comme je l'avais prévu, un investissement rentable (une maison de 250 000 $ louée à 1 400 $) et bien géré nous met près de 280 $ par mois dans notre poche (plus de 3 300 $ annuellement).

Mais il est également évident que, si vous regardez le tableau précédent, chaque année, nos actifs augmentent de 6 240 $ supplémentaires, ce qui correspond au montant dont nous réduisons la dette.

Donc, si nous faisons bien les choses pour les trente prochaines années, cette maison générera ce cash-flow annuel (en supposant que ni le taux d'intérêt ni les revenus locatifs ne changent, ce qui est déjà beaucoup à supposer) et la maison sera payée.

A ce moment-là « nous serons dans une autre dimension » et les rentrées d'argent mensuelles seront multipliées par trois voire quatre puisque nous n'aurons aucun prêt immobilier associé.

Mais bien sûr, il s'agit de trente ans (ou la durée du prêt hypothécaire que vous avez choisi, généralement 20, 25 ou 30 ans, en tenant compte du fait que plus la durée du prêt hypothécaire est courte, plus le flux de trésorerie est faible, mais plus l'augmentation annuelle des actifs due à l'amortissement de la dette hypothécaire).

Et si je souhaite accélérer le processus ? Nous désirons tous de la vitesse, mais parfois, aller trop vite peut entraîner des accidents. Voyons comment accélérer un peu.

La table magique : Comment vivre de ses revenus en investissant dans des appartements locatifs de manière plus accélérée ?

Par conséquent, si nous voulons « gagner » un salaire mensuel de 3 000 $, nous devons investir dans dix maisons similaires à celles au prix de 250 000 $ que j'ai mentionnées plus tôt.

Nous allons maintenant voir quelques moyens d'atteindre plus rapidement ce salaire en investissant dans l'immobilier. Mais ne vous y trompez pas, certaines méthodes nécessitent beaucoup plus de temps de votre part qu'une simple gestion semi-passive et certaines d'entre elles augmentent considérablement le risque avec les maux de tête qui en découlent.

Ci-dessous, je vous montre un tableau complet pour que vous compreniez un peu mieux tout. Analysons bien le tableau suivant où vous verrez les chiffres et les rendements selon que nous investissons dans une maison qui nous coûte 175 000 $, 250 000 $ ou 340 000 $:

Type d'investissement	Agressif	Standard	Sans négocier ou rechercher
Prix d'achat	175 000 $	256 000 $	340 000 $
Loyer mensuel	1 400 $	1 400 $	1 400 $
Flux de trésorerie mensuel (environ)	460 $	280 $	90 $
Les capitaux propres mensuels augmentent en raison de l'amortissement de la dette (env.)	315 $	510 $	*620 $*
Nombre de logements pour un salaire de 3 000 $	6	11	33

Épargne versée pour le logement	59 000 $	84 000 $	108 000 $
Capital total nécessaire pour obtenir le salaire mensuel	354 000 $	924 000 $	3 564 000 $
Dette initiale pour le logement	140 000 $	205 000 $	270 000 $
Dette initiale totale (si nous avons acheté toutes les maisons en même temps)	840 000 $	2 255 000 $	8 910 000 $
Risque lié aux actifs	Haut	Moitié	Faible
Risque d'endettement	Faible	Moitié	Haut
Liquidité du logement	Faible	Moitié	haut
Gestion	Semi-passif	Passif	Passif
Stratégie	Cash-flow + capitaux propres	Cash-flow + capitaux propres	Capitaux propres

"Tableau. Comment vivre de ses revenus en investissant dans l'immobilier locatif ?

Ce tableau donne beaucoup à dire. C'est le tableau qui, je l'espère, clarifiera le chemin vers votre liberté financière en investissant dans des appartements locatifs. Dans combien d'appartements dois-je investir si je veux me générer un salaire ? Tu le vois. Le tableau parle de lui-même. Qu'il s'agisse de cinq, dix ou trente propriétés, la différence réside dans le type de maisons dans lesquelles vous choisissez d'investir.

Plus les maisons sont bon marché, plus vite vous pouvez générer vous-même ces 3 000 $ par mois. Mais écoutez, comme presque tout dans la vie, c'est une arme à double tranchant. Les appartements les moins chers sont les plus rentables, mais ils le sont en partie parce qu'ils comportent un plus grand risque qui leur est associé (par zone, par type de logement, par état de conservation...). Beaucoup soupirent en voyant ces chiffres et pensent : « Si pour avoir un salaire comme la majorité, je dois investir dans cinq, dix ou trente logements, c'est très difficile, n'est-ce pas ? Et en partie, c'est le cas. Ils ont raison, investir dans l'immobilier n'est pas pour tout le monde.

Ne vous y trompez pas, ce n'est pas un problème pour les riches. Ce n'est pas non plus réservé aux jeunes de moins de trente ans qui ont toute la vie devant eux. Pas du tout. Je ne pense vraiment pas que ce soit ça. Il y a des gens de 50 à 60 ans qui ont vendu leur maison principale pour 600 000 ou 700 000 dollars qu'ils avaient payé mois après mois pendant 30 ans et ont acheté plusieurs maisons et ont atteint la liberté financière en un ou deux ans (après une vie de travail et effort).

Investir dans des logements locatifs est fait pour ceux qui savent relever la tête et regarder sur le long terme. Ceux qui sont disciplinés et qui ne recherchent pas le coup rapide.

La vraie magie d'investir dans des maisons locatives.

Voyez ce qui se passe si vous levez un peu la tête. Chaque mois, vous générez plus de 300 $ d'actifs dans les trois types d'investissements que je vous ai présentés. Dans les investissements des appartements les plus économiques, les fonds propres sont principalement générés par les flux de trésorerie. Alors que dans les plus chers, vous le générez notamment grâce à la diminution de la dette qui se produit automatiquement mois après mois lorsque vous payez les hypothèques associées aux investissements.

Dans les deux cas d'investissement les plus favorables (celui avec les planchers de 175 000 $ et 250 000 $), si vous ajoutez les avantages que vous obtenez des flux de trésorerie et de l'amortissement de la dette à un moment donné entre la sixième et la dixième année, vous aurez déjà récupéré plus que tout votre investissement initial. Et évidemment vous continuerez à disposer d'un actif qui génère chaque mois des flux de trésorerie et des capitaux propres, tant du fait de son appréciation de la valeur que de la diminution de sa dette associée. De plus, vous verrez qu'une part très importante (contrairement à d'autres types d'investissement) du résultat dépend de vous.

En investissement immobilier, presque tout dépend de vous, vous êtes le PDG de vos investissements. En investissement immobilier, vous êtes le PDG de chaque investissement. Le risque réside dans votre capacité à sélectionner, préparer et louer des logements. C'est pourquoi j'aime tant investir dans l'immobilier.

Si vous faites bien les choses, vos résultats dépendent peu du marché et des facteurs externes et beaucoup de votre management. En quelques années, la boule de neige peut devenir de plus en plus grosse, car vos compétences et vos connaissances augmenteront également.

CHAPITRE 2 - INVESTIR POUR UNE VIE MEILLEURE : EQUILIBRER RENTABILITE ET BIEN-ETRE

Ces dernières années, nous avons acquis en moyenne une maison par an et avons ainsi augmenté constamment notre patrimoine immobilier. Nous l'avons fait à un rythme modéré, en ligne avec le reste de nos activités, sans précipitation. Apprendre et profiter du chemin en même temps et agir à de nombreux moments de manière stoïque pour surmonter les différentes difficultés qui surviennent toujours lorsqu'on grimpe dans le secteur immobilier.

Je ne vais pas seulement souligner la partie agréable et facile de l'investissement immobilier, car tout n'est pas merveilleux. Évidemment, il existe toujours un risque associé dont nous devons tenir compte. En ce qui me concerne, j'ai déjà plus de quarante ans et j'ai la chance d'être très bien accompagné par ma famille. Je me considère comme une personne prudente et, à un certain moment, je ne suis pas prête à prendre des risques qui mettent en danger nos finances familiales. J'essaie de jouer la sécurité depuis des années.

Ce ne sont pas que des chiffres. Équilibre entre rentabilité et bien-être.

Dans le monde de l'investissement, il semble que tout soit une question de chiffres. Les chiffres sortent partout. Et parfois, trop de chiffres ne nous aident pas ; ils nous déroutent et ne nous laissent pas voir l'impact holistique (économique, émotionnel, familial...) de nos investissements. Un exemple :

Quelque chose qui n'est pas objectivement mesurable lorsque vous investissez est la souffrance ou le stress mental que vous provoque ce certain investissement. Ce n'est pas mesurable simplement parce que cela dépend de chaque investisseur. Chaque investisseur réagit différemment aux problèmes et à la volatilité que chaque investissement doit surmonter pour porter certains fruits. Quelle que soit la passivité de votre investissement, notre esprit est spécialisé dans la création d'histoires sur son évolution. Si l'inflation semble commencer à augmenter, nous penserons que la valeur de nos obligations diminuera parce que les banques centrales augmenteront les taux d'intérêt. Si un locataire de l'un de nos logements tarde à nous payer quelques jours, vous risquez de mal dormir.

Chaque investissement peut nous apporter des souffrances en tant qu'investisseurs si nous ne savons pas comment y faire face. Pour cette raison, il est très utile de ne pas prendre de risques excessifs et de se concentrer sur le long terme pour relativiser toutes les décisions que les investisseurs immobiliers doivent prendre de manière régulière : rénovations, locataires, financements...

Pour toutes ces raisons, ce n'est pas un livre qui recherche le dernier dollar de rentabilité. Non. C'est un livre qui recherche un bon équilibre entre rentabilité et bien-être. Cela recherche la durabilité de vos investissements immobiliers également d'un point de vue émotionnel.

Si vous souhaitez vivre pour pouvoir mieux investir, ce livre n'est peut-être pas fait pour vous. Si vous souhaitez investir pour vivre mieux, probablement oui. Commençons !

Vous avez déjà vu dans le tableau du chapitre précédent que si vous voulez vivre de revenus avec (relativement) peu de capital à apporter et quelques appartements (six nous en avons vu dans l'exemple), vous devriez rechercher des investissements d'environ 175 000 dollars qui loyer 1 400 dollars par mois. Est-ce la bonne stratégie pour tout le monde ? Probablement pas.

En général, plus de risque, plus de rentabilité et vice versa.

Comme pour les autres types d'investissements, comme nous l'expliquons dans mon autre livre « Financial Freedom », les investissements sont régis par le triangle rentabilité, liquidité et sécurité. Pour obtenir deux de ces trois propriétés, vous devez perdre la propriété restante.

Gestion passive/active : Vous souhaitez gérer vos appartements de manière plus passive ou plus active ?

Probablement, si vous êtes prêt à gérer plus activement, vous pourrez obtenir une plus grande rentabilité. Les très petites maisons avec une forte rotation des locataires, la location de chambres ou la location de vacances sont des exemples de gestion immobilière plus active qui génèrent une plus grande rentabilité que la location à un couple de retraités d'une maison dans laquelle ils vivront probablement jusqu'à la fin de leurs jours.

Le risque est-il toujours relatif ? Réduisez les différentes incertitudes qui existent et vous réduirez les risques de chaque opération.

Si vous connaissez très bien une zone, le risque de cette zone diminue. Si vous êtes bricoleur, le risque de rénovation diminue. Si vous travaillez dans une banque, le risque de financement diminue. Alors n'utilisons pas de formules toutes faites pour calculer le risque. Le risque est principalement lié à l'incertitude que génère pour vous chaque nouvelle opportunité immobilière.

Plus il y a d'incertitude, plus vous prendrez de risques. Par conséquent, le travail d'un bon investisseur immobilier consiste à réduire l'incertitude dans la prise de décision. Je vous laisse quelques exemples :

1. Si vous investissez dans un bloc que vous ne connaissez pas, vous ne savez pas à quoi ressembleront les voisins et la communauté. Que devez-vous faire pour réduire cette incertitude ?

   Réponse : demandez à tout le monde : les voisins, la communauté, l'agence immobilière, les bars à proximité et même les chats qui se promènent la nuit. De cette façon, vous réduisez l'incertitude.

2. Quel sera le loyer d'une éventuelle opération ? Encore une fois, il y a une incertitude.

   Réponse : question, question et question. Parfois, vous parviendrez à réduire considérablement l'incertitude, et parfois seulement un peu. Tout au long de ma vie, j'ai rencontré d'autres investisseurs qui ont même publié de fausses annonces (avant d'acheter la maison) pour estimer la demande (dans mon cas, cela ne semble pas le plus approprié).

3. Et pour réduire l'incertitude d'une certaine réforme ?

   Réponse : interrogez plusieurs travailleurs et entreprises et demandez des devis. Quoi qu'il en soit, jusqu'à ce que vous effectuiez vos premières rénovations, vous ne serez pas en mesure d'estimer les coûts de rénovation.

   Mais ne vous y trompez pas. Si vous achetez avec une bonne marge de sécurité, vous avez la possibilité de commettre de petites erreurs d'estimation.

4. Liquidité : que faire si vous avez besoin de transformer vos maisons en argent ?

Réponse : Il existe de nombreux types de logements. Certains beaucoup plus liquides que d'autres. Et surtout, vous devez être conscient qu'il existe des maisons dans lesquelles une fois que vous investissez, il est très difficile de sortir rapidement de cet investissement et de le reconvertir en argent.

Cela se produit généralement, en particulier dans les maisons présentant des déficits importants. Soyez très conscient de ce point. Par exemple : En investissant dans une maison sans ascenseur et qui a plus de cinquante ans, vous paierez beaucoup moins cher que dans une maison similaire avec ascenseur et parquet au sol. Mais si, pour une raison quelconque, vous devez vendre votre investissement, cela peut prendre beaucoup plus de temps pour trouver un acheteur que pour d'autres maisons. Ou non. On ne sait jamais. Chaque cas est une histoire.

En bref, plus le logement est bon, plus la liquidité est grande.

Dix ans d'avance : une stratégie qui échoue rarement.

Investir dans des logements rentables (ceux de 175 000 ou 250 000 dollars qui génèrent 1 400 dollars de loyer par mois) à louer pendant plus de dix ans n'échoue presque jamais. Et savez-vous pourquoi ? Dans dix ans, vous serez normalement en mesure de vivre plus d'un cycle économique. Et pendant presque chaque période complète, vous bénéficierez de gains supplémentaires grâce à l'appréciation de la valeur de votre maison.

En tout cas, dans les exemples que nous avons donnés. Durant cette période, vous avez déjà payé tout votre investissement initial. Et donc, vous disposez d'un actif qui génère chaque mois des liquidités et des capitaux propres quelle que soit la fluctuation de sa valeur marchande.

De plus, dans dix ans, vous pourrez progressivement acquérir davantage de logements. Lentement mais sûrement. Au fur et à mesure que votre expérience augmente, vous apprenez à réduire le risque de chaque opération et vous pouvez donc évoluer avec beaucoup plus de sécurité.

Et rappelez-vous, à trente ans (ou vingt ou vingt-cinq ans, selon la durée de votre prêt hypothécaire), les 3 000 $ par mois deviennent plus de 9 000 $ par mois et cela sans tenir compte de la hausse des prix due à l'inflation. La magie est que l'hypothèque a disparu et que tous les coûts associés (comme l'assurance-vie) ont également disparu. De 3 000 à 9 000 dollars par mois. Cela changerait la vie de nombreuses personnes.

De plus, la fin des prêts hypothécaires coïncide généralement avec des périodes de moindre activité professionnelle et constitue donc un complément à une éventuelle pension publique.

Oui, vous aimez marcher et vivre à votre rythme, bienvenue dans le monde passionnant de l'investissement immobilier.

CHAPITRE 3 - COMMENCEZ VOTRE PARCOURS : CONCEPTS CLES, CATEGORIES D'INVESTISSEMENT ET GESTION DES OBSTACLES

Dans le chapitre précédent, nous avons vu l'idée générale sur la façon de vivre de ses revenus. Les chiffres de base et surtout le nombre de logements nécessaires en fonction du type de rentabilité que l'on recherche dans chaque logement pour pouvoir atteindre un certain revenu mensuel.

Maintenant, nous ne nous concentrerons pas sur les éléments clés. Quel type de sol vous convient le mieux ? Dans quelle mesure est-il sain de s'endetter ? Avec quelle mentalité faire face aux peurs qui surgissent naturellement lors du premier achat ?

Ci-dessous, je vous montre la chose la plus importante que vous devez savoir avant d'acheter votre première maison à titre d'investissement. La première fois est toujours la plus difficile, notamment d'un point de vue émotionnel. C'est pour cette raison que j'ai examiné les trois facteurs les plus importants que vous devez prendre en compte avant de réaliser votre premier investissement :

1. Les quatre façons dont vous augmenterez votre patrimoine grâce à l'achat d'un appartement.
2. Les trois types d'appartements à acquérir selon un modèle mental que j'ai créé et qui découle du chapitre précédent, avec tous ses avantages et inconvénients pour trouver celui qui correspond le mieux à votre situation personnelle ou à vos

objectifs.

3. Les peurs qui surgiront naturellement en vous et comment les surmonter.

Quelle rentabilité puis-je obtenir en investissant dans un appartement à louer ?

La réponse est généralement de 3 à 10 % (sans tenir compte des rendements supplémentaires que vous obtenez grâce à l'effet de levier). Mais il faut savoir que la rentabilité que vous obtiendrez dépendra essentiellement du type de logement dans lequel vous investissez. Et donc, établir un modèle mental avec une classification des appartements en fonction de leur rentabilité peut être utile.

Les quatre façons dont vous augmenterez votre patrimoine en investissant dans des appartements à louer.

Avant d'acheter votre première maison à titre d'investissement et de la louer, vous devez bien comprendre les quatre formules avec lesquelles un investissement immobilier augmente votre patrimoine :

1. **Appréciation de la maison.** Vos parents ont-ils une maison qui vaut dix fois ce qu'elle leur coûtait il y a quarante ans ? Combien de fois avons-nous entendu cette phrase ? Cet effet est appelé inflation.

    L'inflation est le moyen le moins coûteux pour un État de réduire la valeur de sa dette. Les États sont endettés et sont donc ceux qui ont le plus intérêt à ce que la valeur de leur dette diminue. Ce fait provoque une inflation dans l'économie, ce qui augmente la valeur monétaire des actifs.

    De nombreux spéculateurs ont investi dans le seul espoir que la valeur des propriétés augmenterait rapidement, poussée par les profits à court terme, ce qui était une stratégie courante de 2003 à 2007. Le résultat final a été la ruine de beaucoup d'entre eux.

L'appréciation de la propriété devrait être un prix supplémentaire à l'investissement que vous faites dans l'immobilier. Cela ne devrait pas être la principale raison qui soutient votre investissement.

2. **Des flux de trésorerie.** Le flux de trésorerie est la différence entre l'argent qui sort pour payer votre investissement et l'argent qui rentre. Lorsque la différence est positive, votre investissement a un flux de trésorerie positif et fait donc grossir vos poches au fil du temps.

Si vous mettez constamment de l'argent de votre poche chaque mois ou chaque année pour maintenir l'investissement, cela entraîne un flux de trésorerie négatif.

Combien d'investissements pouvez-vous réaliser avec un cash-flow positif ? Infini

Combien d'investissements pouvez-vous réaliser avec un cash-flow négatif ? Ceux que votre poche peut contenir.

Il n'est pas nécessaire d'en ajouter beaucoup plus. Recherchez des investissements immobiliers avec des flux de trésorerie positifs si vous souhaitez investir dans l'immobilier de manière rentable sur une longue période.

3. **Avantages fiscaux.** Les gouvernements de presque tous les pays du monde souhaitent garantir que l'offre de résidences principales à louer ne diminue pas, car cela entraînerait un problème social (encore plus grave que l'actuel) difficile à gérer.

Par conséquent, il est possible que dans votre pays ou région, il existe des incitations fiscales pour les investisseurs qui favorisent la location de résidence principale à long terme.

4. **Amortissement de la maison.** Les locataires de la maison

nous paient un loyer. Ce loyer, si nous avons fait un bon investissement, génère un cash-flow positif. Mais en plus de cela, en payant chaque mois le versement hypothécaire, le loyer lui-même nous paie les intérêts et la partie correspondante du capital.

La part du capital que nous payons avec le loyer que le locataire nous verse mensuellement est le quatrième facteur. Chaque mois qui passe, nous devons moins d'argent à la banque. Si l'on y réfléchit froidement, lorsque l'on fait un bon investissement immobilier, on achète une maison uniquement avec l'argent initial (acompte). Vous payez le droit d'entrée et tout le reste sera payé par les locataires. De plus, si vous réussissez à réaliser un investissement avec un cash-flow positif, vos locataires non seulement couvriront toutes les dépenses mais apporteront également des fonds supplémentaires dans votre poche.

Rappelez-vous quelques détails:

- Celui qui hypothèque pour vingt ou trente ans est l'investisseur. Et cette dette, quoi qu'il arrive, doit être payée. D'ailleurs, si l'investisseur décède, il reste « héréditaire ».
- Si vous ne parvenez pas à louer l'appartement, vous devez continuer à payer l'hypothèque. Vous pouvez donc maintenant commencer à comprendre que pour que la magie opère, le choix du logement est crucial. Et pour choisir un bon foyer, je présente à mes amis les modèles mentaux. Vous verrez comment ils nous aideront à faire un bon choix.

L'importance des modèles mentaux et à quoi ils servent.

Lorsque vous recherchez un appartement dans lequel investir, il est utile d'avoir à l'esprit un modèle simple qui classe vos investissements potentiels. Par conséquent, j'ai créé un modèle mental avec trois types d'appartements dans lesquels investir. Dans mon cas, comprendre qu'il existe trois types d'investissement m'aide à être beaucoup plus efficace dans la recherche et la négociation.

Comme je l'ai brièvement mentionné précédemment, selon votre stratégie d'investissement, il est raisonnable d'attendre des rendements bruts allant de 3 % à 10 %. Et tout cela sans compter l'effet de levier. Une fois que nous avons recours à l'effet de levier, les rendements peuvent évidemment monter en flèche (jusqu'à plus de deux chiffres si l'opération se déroule bien et également en baisse si l'opération ne se déroule pas comme nous l'avions prévu).

C'est pourquoi, dans un souci de simplification, j'ai divisé les options d'investissement que nous pouvons entreprendre en trois types de logements en fonction de leur rentabilité potentielle.

Les trois catégories du modèle mental qui vous aideront à mieux sélectionner vos investissements immobiliers.

1. Investissement conservateur.

Un appartement où tout le monde aimerait vivre. Cash-flow neutre ou légèrement négatif. Rentabilité brute de 3 à 4%.

Investir dans des appartements avec un rendement de 3 ou 4 pour cent est assez courant. De nombreux investisseurs immobiliers sont à l'aise avec ce type d'investissement car il comporte généralement peu de risques. Fondamentalement, les investisseurs reproduisent le modèle qu'ils ont utilisé pour acheter leur résidence principale. Ils effectuent pratiquement les mêmes étapes. Ils recherchent dans la même zone et recherchent des caractéristiques similaires à ce qu'ils ont ou à ce qu'ils aimeraient.

Cela entraîne généralement très peu d'erreurs car lorsque nous achetons une première maison, nous connaissons très bien le quartier et les prix. Dans notre quartier, nous connaissons exactement la différence entre un bon ou un très bon quartier, les communautés avec le plus de problèmes ou encore les bars qui font le plus de bruit. Il s'agit donc d'investissements qui ne comportent en réalité pas beaucoup de risques, même si leur rentabilité est faible.

Dans tous les cas, l'important est de savoir que dans ces logements, la trésorerie est généralement neutre dans le meilleur des cas. Et cela ne permet PAS de mettre le modèle à l'échelle. Puisque chaque nouvelle maison de ce type que vous ajoutez à votre patrimoine augmente le besoin de sortir de l'argent de votre poche.

Prenons un exemple concret d'une de mes maisons :

- Coût de la maison + 2 espaces de stationnement : 750 000 $ (sans taxes ; hypothèque de 80 % de la valeur immobilière).

- Loyer mensuel : 2 800 $.

- Hypothèque mensuelle à taux fixe à 2% pendant 30 ans : 2 330 $ (actuellement 1 280 $ d'amortissement + 1 050 $ d'intérêt).

- Communauté mensuelle : 230 $/mois.

- IBI + Assurance Habitation et Vie : 150$/mois.

- Trésorerie mensuelle (quand il n'y a pas d'imprévu) : +2 800 $ - 2 330 $ - 230 $ - 150 $ = +90 $/mois = ce qui est mangé pour ce qui est servi.

Lorsqu'il y a des événements imprévus, le flux de trésorerie devient négatif. Par conséquent, dans ce type d'investissement, le gain est uniquement du capital (il n'y a pas de génération de flux de trésorerie tant que l'appartement est hypothéqué). Dans le meilleur des cas, le loyer paie l'appartement.

L'essentiel est que vous compreniez que chaque mois qui passe votre capital amorti augmente. Ne soyons pas extrémistes. Après tout, ce n'est pas si mal. Vous payez un droit d'entrée pour un appartement fantastique. Vous vous hypothéquez. Et après trente ans (ou quelle que soit la durée de votre hypothèque), vous disposez d'un bien que les locataires ont payé pour vous (à l'exception de l'acompte et de tous les accessoires) et d'une valeur bien supérieure à celui que vous avez acheté (le pouvoir de l'inflation).

En général, vous achetez un actif de haute qualité et peu risqué. C'est la formule utilisée par la majorité des investisseurs qui achètent un ou deux appartements en plus de leur logement habituel.

Le problème avec ce type d'investissement immobilier est qu'il n'est pas évolutif car nous ne pouvons pas avoir une infinité d'appartements comme celui-ci. Générer un cash-flow neutre ne génère pas une marge de sécurité suffisante. Si nous avions un millier d'appartements comme celui-ci, nous finirions par être ruinés car il y aurait des années au cours desquelles des événements imprévus détruiraient notre trésorerie.

Si le cash-flow de l'investissement initial est déjà négatif, je ne le recommande pas du tout, car alors un investissement avec un risque faible à modéré devient un mauvais investissement qui vous enlève de l'argent pendant vingt ou trente ans.

<u>Soyez très prudent avec des rendements bruts inférieurs à 3,5 %</u>car ils peuvent générer des flux de trésorerie négatifs pendant des décennies.

Pour ce type d'investissement, je recommande une hypothèque à taux fixe, car les taux fixes génèrent une certitude d'investissement. Vous saurez toujours ce que vous payez. Si vous disposez de beaucoup d'épargne que vous pourriez utiliser pour rembourser l'hypothèque si les taux d'intérêt augmentent à l'avenir, vous pouvez obtenir un rendement supplémentaire en utilisant une hypothèque à intérêt variable.

Si vous utilisez un prêt hypothécaire à taux fixe, la seule variable de l'équation qui échappe à votre contrôle est le montant que vous déposez. Et mieux vaut arrêter de contrôler une que deux variables. C'est ma façon personnelle de voir les choses.

2. Investissement modéré.

Un appartement qui est bien, mais qui présente quelques inconvénients. Flux de trésorerie positif. Rentabilité brute de 5 à 6%.

Ce sont des appartements qui varient généralement entre 185 000 et 350 000 dollars. Ils se trouvent dans des zones que l'investisseur connaît et leurs loyers varient de 1 200 à 1 750 dollars par mois. En général, il y a toujours un inconvénient qui rend la rentabilité supérieure à celle de la catégorie précédente.

Parfois, cela dépend de leur taille. Trop petit pour qu'une famille puisse envisager d'y vivre longtemps. D'autres fois, il y a peu de lumière, la distribution n'est pas idéale... Ou il s'avère simplement qu'il s'agit d'un appartement très ancien.

Donnons un autre exemple réel d'une de mes maisons dans cette catégorie :

- Coût du logement : 185 000 $ (sans taxes ; hypothèque de 70 % de la valeur foncière).

- Loyer mensuel : 1 620 $.

- Hypothèque mensuelle à taux fixe à 1,7 % pendant 20 ans : 950 $.

- Communauté mensuelle : 85 $/mois.

- IBI + Assurance Habitation et Vie : 115$/mois.

- Flux de trésorerie mensuel lorsque les étoiles s'alignent et qu'il n'y a pas d'imprévu : + 1 620 $ - 950 $ - 85 $ = + 585 $/mois.

Parmi les trois catégories d'appartements que je vous montre dans mon modèle mental, ce sont, à mon avis, les appartements les plus liquides car ils sont achetables par les investisseurs et les locataires permanents (mais rappelez-vous que, par définition, les appartements ont peu de liquidité). Sa formule prix-rentabilité est attractive car elle dépasse largement l'inflation existante.

Ces planchers génèrent un cash-flow positif, même en tenant compte des événements imprévus. Regardez dans l'exemple réel comment il génère 585 $ de flux de trésorerie par mois. Dans ce cas, nous payons d'avance 30 % plus taxes. Soit un peu plus de 116 000 $.

Conceptuellement, nous pourrions acheter autant d'appartements que nous le souhaitions dans cette catégorie ou autant que notre capacité d'endettement nous le permettrait, car chaque appartement que nous ajoutons à notre portefeuille nous procure un revenu mensuel supplémentaire dont les banques prendront en compte lors de la demande d'un nouveau prêt.

C'est une stratégie qui comporte un risque modéré. En général, ce sont des appartements qui n'ont pas besoin d'être rénovés à outrance (parfois un petit lifting suffit) et qui sont compatibles avec le travail de la plupart des mortels puisqu'ils n'ont pas besoin d'autant de dévouement que ceux de la catégorie supérieure.

3. Investissement agressif.

Un appartement à moins de 180 000 $. Cash-flow très positif. Rentabilité brute de 7 à 10 % ou plus.

Donner le nom correct aux concepts permet de les traiter. Imaginons qu'un couple aux États-Unis puisse gagner environ 6 000 dollars par mois. Si vous pouvez ou souhaitez consacrer entre 20 et 30 % de votre revenu mensuel disponible au loyer, cela signifie que vous disposez entre 1 150 $ et 1 750 $ par mois de loyer à louer.

Il est important d'adapter ce raisonnement au domaine dans lequel vous envisagez d'investir. C'est toujours plus facile si c'est proche de chez vous (ce qui ne veut pas dire que ce doit être précisément votre ville) car vous avez une meilleure connaissance de la région.

Cette analyse part de la demande et on observe que, pour un couple, le revenu locatif annuel moyen se situe entre 14 000 et 18 000 dollars.

Ainsi, si l'on souhaite obtenir un rendement annuel brut supérieur à

7 %, on observe comment les 230 000 $ de l'investissement total marquent une limite supérieure raisonnable.

Donnons un autre exemple réel d'une de mes maisons dans cette catégorie :

- Coût du logement : 137 000 $ (sans taxes ; hypothèque de 75 % de la valeur foncière).

- Loyer mensuel : 1 175 $.

- Hypothèque mensuelle à taux fixe de 2 % pendant 25 ans : 412 $.

- Communauté mensuelle : 70 $/mois.

- IBI + Assurance Habitation et Vie : 70$/mois.

- Flux de trésorerie mensuel (quand il n'y a pas d'événements imprévus) : + 1 175 $ - 412 $ - 70 $ - 70 $ = + 623 $/mois.

Nous payons le prix d'entrée plus taxes. Un peu plus de 45 000 $. Et le débit mensuel est très bon. Seule la rentabilité brute par flux de trésorerie (par rapport à l'acompte que nous versons) est supérieure à 10 %.

Je sais ce que tu penses. Mais là où je vis, les appartements qui coûtent moins de 230 000 $ sont de mauvais appartements.

Clair. C'est la clé, qui est de transformer une mauvaise maison en un appartement habitable. L'astuce consiste peut-être à réformer et à procéder à un lifting majeur. Peut-être en profitant d'une asymétrie de pouvoir (vous pouvez vous permettre de ne pas acheter un appartement et celui qui le vend faute d'autres offres ne peut pas se permettre de ne pas vous le vendre).

Nous devons voir de nombreux appartements pour moins de 230 000 $ et les analyser avec les yeux d'un investisseur (pas avec ces yeux que nous utilisons lorsque nous pensons à montrer une maison à nos proches) et trouver cette opportunité dans laquelle notre capacité de négociateur ou notre La capacité des réformateurs à créer la magie nécessaire pour transformer une maison vendue à bas prix en une maison pour une famille.

Peut-être que selon la région où vous habitez, les 180 000 $ qui désignent la catégorie deviendront 230 000 $ ou 140 000 $. Vous devez adapter le seuil en fonction de votre domaine d'investissement. L'important est que vous compreniez le concept.

Dans quelle catégorie de maisons modèles mentales souhaitez-vous investir ? Dans quelle mesure souhaitez-vous augmenter votre nombre de logements ?

Vous devez d'abord internaliser et comprendre dans quel type de logement vous souhaitez investir. À partir de là, lancez la recherche, en écartant dès le départ tout ce que vous n'avez pas présélectionné.

Acheter un bel appartement est très simple. Acheter un appartement rentable nécessite une mentalité d'investisseur qu'il est important d'acquérir. Pour vous aider dans votre choix, j'ai réalisé un tableau simple où je relie quelques attributs importants de l'investissement immobilier avec la typologie des appartements d'investissement que j'ai créée dans le modèle mental.

Type d'investissement	Des flux de trésorerie	Appréciationlong terme	Liquidité
Conservateur	Négatif ou neutre	Est-ce égal à l'inflation ?	Très Faible. Achetable principalement par les locataires.
Modéré	Positif	Est-ce égal à l'inflation ?	Faible. Achetable par

			les investisseurs et par les locataires.
Agressif	Très positif	Difficile à prédire, mais ils vieillissent pire. Quel est l'impact à long terme de l'absence d'ascenseur ou d'éléments de base ? Soyez prudent avec le coût des réformes nécessaires.	Très Faible. Achetable principalement par les investisseurs. En période de crise, il peut être difficile de vendre même à des prix très bas.

"Tableau. Avantages et inconvénients selon le type de logement"

Chaque type d'appartement dans le modèle mental présente des avantages et des inconvénients que vous devez prendre en compte lors du choix du type d'appartement dans lequel investir.

Si vous ne savez pas clairement ce que vous voulez et si vous ne comprenez pas pleinement les avantages et les risques que comporte chaque type d'investissement, vous finirez par être grandement influencé par l'expertise du vendeur d'appartements en service.

Ou, pire encore, à cause de vos sens, qui pencheront naturellement vers les appartements les moins rentables puisque, comme cela arrive dans la vie et comme Michael Lewis l'a démontré dans son excellent livre « Moneyball », ce qui est esthétiquement beau est surfait alors que ce qui est esthétique l'est sur estimé. Il leur est plus difficile de valoriser ce qui est sous-évalué (ce même effet se produit chez les personnes et les appartements).

Contrôler votre endettement est essentiel à la création de votre patrimoine immobilier. Chaque personne dispose d'un montant de crédit hypothécaire qu'elle peut utiliser (et je vous recommande de l'utiliser de manière responsable). Ce crédit est limité. Cela peut être plus ou moins selon votre âge et vos revenus principalement. Mais de toute façon, il y a une limite.

Si vous utilisez ce crédit pour financer votre résidence principale, il vous restera alors moins pour investir dans des appartements locatifs. Et si vous utilisez ce crédit pour financer vos investissements immobiliers, il vous en restera alors moins pour acheter votre résidence principale.

C'est très curieux, mais sachez que le montant de votre crédit disponible varie également selon que vous utilisez le crédit pour investir ou pour votre résidence principale.

Si vous utilisez le crédit pour investir, il sera plus important. Votre capacité de levier sera plus grande. La raison en est que les banques vous permettent d'accorder du crédit chaque fois que vos revenus augmentent et, par conséquent, si vous investissez dans des propriétés qui génèrent un revenu mensuel, les banques vérifieront que vos revenus augmentent et, par conséquent, vous accorderont plus de crédit.

Quoi qu'il en soit, gardez-le à l'œil. Il y a une astuce. Les banques ne vérifient cela qu'après coup. Jamais a priori. Autrement dit, si vous avez un logement en location, vous pourrez désormais prouver vos revenus à la banque (grâce au contrat de location et aux quittances correspondantes). Mais si vous ne l'avez pas encore loué (car c'est votre premier achat en tant qu'investissement), les banques ne prennent pas en compte ces futures rentrées d'argent.

C'est une nuance importante. Et maintenant tu me demandes : "Pourquoi tu me dis tout ça ?" Parce qu'il n'y a qu'une seule vie. Imaginez que vous épuisiez tout votre crédit hypothécaire avec vos investissements immobiliers. Et tu le fais très bien. Et vous faites partie des investisseurs qui achètent des appartements à moins de 180 000 $ parce que vous savez déjà que la clé est d'acheter à bas prix. Et puis vous rencontrez une personne et décidez d'emménager ensemble.
Et votre partenaire veut acheter quelque chose ensemble. Eh bien, je suis désolé, mais peut-être que ce n'est pas possible. Si votre crédit est

épuisé et que vous n'avez pas d'argent en banque, vous ne pourrez pas acheter l'appartement de vos rêves avec votre partenaire.

Évidemment, il existe des solutions comme vendre certains de vos placements. Mais gardez à l'esprit que les maisons rentables sont généralement moins liquides que celles qui ne le sont pas, comme je l'ai déjà expliqué.

Ce sont des ironies du marché. Tout le monde veut un type de logement et pour cette raison, ce type de logement devient non rentable, car la demande fait monter les prix. Il est donc important de comprendre la situation personnelle de chacun et la notion de crédit disponible.

Essayer d'élargir son crédit immobilier (acheter pour investir d'abord puis pour sa résidence principale) est une stratégie qui peut fonctionner pour les plus jeunes.

C'est pourquoi il est toujours si important d'être clair sur les priorités de chacun.

Analyser les sauts de rentabilité.

Les miracles n'existent pas. Quiconque souhaite acheter dans la rue principale d'une capitale, avec une rentabilité brute de 10% parce qu'il est un très bon négociateur ou parce qu'il sait la réformer, a deux options :

1. Attendez assis.
2. Faites-le-moi savoir et nous l'achèterons à moitié.

Nous avons déjà classé la rentabilité des logements en 3 types.

Un investisseur qualifié peut réaliser un « investissement prudent » et obtenir un rendement de 6 %. Un investisseur très habile peut réaliser un « investissement modéré » et obtenir un rendement brut de 7 à 8 %. Et un investisseur chevronné peut faire un « investissement agressif » et obtenir un rendement brut de 11 %.

Des gains de rentabilité peuvent être réalisés. Mais seulement d'une catégorie à l'autre. Vous ne pouvez pas sauter deux catégories à la fois (de manière légale bien sûr).

Transformer un « investissement conservateur » et obtenir un retour sur investissement de 9 % est pratiquement impossible. Cela peut arriver, mais ils sont très exceptionnels et ne constituent jamais la base d'une stratégie à suivre.

Vous pouvez investir toute votre vie dans la recherche de ces opportunités et vous vous retrouverez alors fatigué et avec un portefeuille immobilier inexistant.

Ou vous pouvez commencer par investir dans l'une des catégories que vous choisissez (idéalement 2 ou 3) et, au fur et à mesure que vous progressez et apprenez, essayez d'être plus sophistiqué et de sauter une catégorie en termes de rentabilité.

Tu choisis. Comme d'habitude. Action ou paralysie par analyse.

Acheter sans mettre de capital ?

Je suis de très mauvaise humeur lorsque je vois des publicités d'âmes impitoyables qui prêchent sur les toits qu'on peut (et devrait presque) acheter un appartement sans sortir un euro de sa poche.

Le fameux OPM (Other People Money) qui booste évidemment votre rentabilité si le jeu se passe bien. Le retour sur capital investi (ROI) va à l'infini puisqu'il s'agit d'un rapport entre le profit et l'argent investi.

Le problème, c'est quand la pièce ne se passe pas bien. Alors évidemment la rentabilité va au moins à l'infini.

Je serai direct. Une personne qui, pour une raison quelconque, n'a pas d'économies à un moment donné ne devrait pas se lancer dans le pétrin en achetant un appartement à louer sans un seul euro. S'il te plaît. Un peu de bon sens.

Peut-on acheter un appartement sans sortir un euro de sa poche ? Eh bien, bien sûr, oui. Et cela peut être très rentable si vous savez bien le faire. Mais savez-vous qui peut faire ça ? Celui qui a les poches un peu pleines peut le faire.

Ainsi, investir sans débourser un seul euro est une option pour ceux qui ont encore beaucoup d'argent. Sans plus tarder. Cela semble ironique, mais ce n'est pas le cas.

C'est aussi simple que de comprendre que les investissements les plus risqués doivent faire partie d'un large portefeuille et que le poids de ces investissements par rapport au total est faible.

L'investissement immobilier comprend les moments où des liquidités sont nécessaires. Des moments qui n'étaient pas dans le plan initial. Il y a des imprévus auxquels il faut faire face, des périodes où l'appartement est vide ou tout simplement des moments où le locataire ne vous paie pas. Il est donc toujours nécessaire de disposer d'un fonds d'urgence sous forme de boîte pour pouvoir faire face aux moments qui surviennent généralement lorsque l'on est moins préparé que jamais.

Et si vous achetez votre premier appartement sans excédent de liquidités, les chances que l'investissement ne se déroule pas bien augmentent considérablement. Et c'est dommage car vous passerez à côté d'un excellent moyen de créer de la richesse. Tout simplement parce que cela a commencé tôt et de la mauvaise manière.

Achetez progressivement. Diversification du temps et des connaissances.

Le problème de l'investissement dans les appartements est que cela complique grandement la diversification (tant temporelle que monétaire). Les sommes à investir sont importantes et c'est pourquoi je recommande de commencer par de petits investissements. Il vaut mieux acheter deux maisons pour 163 000 $ pour commencer qu'une pour 320 000 $. La première option vous permet d'apprendre plus rapidement et de commettre des erreurs moins coûteuses.

Dans mon cas, ce qui m'a donné la confiance nécessaire a été l'achat très rentable d'une maison pour 140 000 $ et dans la maison suivante, avec ma femme, nous avons osé avec un montant de plus de 230 000 $.

Tout s'est fait progressivement, quelques années se sont écoulées et nous avons consolidé les apprentissages. Nous avons également augmenté notre position de trésorerie grâce à des revenus provenant d'autres sources.

La cohérence est la chose la plus importante. La rapidité n'est pas pertinente dans un investissement qui met des décennies ou des décennies à mûrir.

Comment gérer les craintes qui existent toujours lors des premiers investissements immobiliers ?

Notre esprit est conçu pour nous alerter et donc pouvoir survivre. Ainsi, lorsque vous empruntez des dizaines ou des centaines de milliers de dollars à la banque pour créer votre empire immobilier, une bonne tête se met à vous lancer des idées qui peuvent boycotter notre investissement ou, pire encore, en faire une source de cauchemars constants.

Les peurs sont normales et naturelles. Quelles sont les peurs les plus courantes ?

- « Le taux d'intérêt est très bas, et s'il augmente ? Hypothèque à intérêt fixe. Dernier point.

- « Et si le prix continue de baisser et que la fête des intérêts bon marché me manque ? » Alors vous péchez par ambition. Personne n'est capable de prédire le marché.

- « Et si les prix de l'immobilier baissaient au cours des cinq prochaines années ? » Si vous investissez pour spéculer, vous avez un problème. Si vous investissez sur le long terme (plus de dix ans au moins dans l'immobilier), vous avez alors la possibilité d'acheter encore plus. N'oubliez pas non plus qu'historiquement, le prix des locations les moins chères a moins baissé que le prix des logements. Si vous attendez de la rentabilité tout au long de votre vie, vous ne vous souciez pas trop si à certains moments le prix du logement baisse.

- « Et s'ils ne paient pas le loyer ? » Assurance non-paiement.

- « Et s'ils occupent mon appartement ? » Cela se produit très peu en termes de pourcentage, mais appliquez la réponse à la question précédente, qui fonctionne également. Et si cela se produit, sachez que les coûts typiques d'un poste vacant sont généralement d'environ 7 000 $.

- « Et si une météorite tombait et déviait inopinément sa trajectoire en passant près de Pluton et qu'un fragment de cinquante mètres de diamètre tombait directement sur ma maison et la détruisait ? Que!".

Dans le jeu de la location immobilière, vous devez comprendre que le plus grand risque qui existe est que votre appartement ne soit pas louable. Autrement dit, vous ne pouvez même pas le louer en baissant le prix. Par conséquent, lorsque vous achetez pour investir, achetez dans une zone où il existe une demande et où vous pensez qu'elle pourrait continuer à exister à l'avenir (personne ne le sait, mais il existe des zones avec plus de probabilités que d'autres).

Actifs plus rentables ou autre qualité ?

Les appartements, comme les entreprises, ont également des qualités différentes. Un appartement sans ascenseur est généralement plus rentable (si vous pouvez le louer bien sûr). C'est plus rentable parce que vous payez moins pour la communauté (l'ascenseur est l'un des coûts les plus chers dans une communauté) et aussi parce que le prix d'achat est beaucoup plus bas. En contrepartie, c'est un actif moins liquide et il vieillit probablement moins bien.

Dans notre cas, nous investissons avec un horizon temporel sans jamais avoir à vendre. Nous penchons donc principalement vers les actifs de type 2 du modèle mental (modéré) avec des rendements de 5 à 7 %.

Nous apprécions le fait qu'ils soient généralement actifs avant l'âge de vingt ans et pensons qu'ils peuvent bien vieillir au cours des trente ou quarante prochaines années. De plus, le temps d'entretien est moindre et nous l'apprécions car nous aimons consacrer notre temps à d'autres activités.

Mais évidemment nous renonçons à une certaine rentabilité. Nous sommes conscients. Et toi ? Êtes-vous clair sur ce que vous jouez ? Voulez-vous les Champions de la rentabilité ou préférez-vous quelque chose de moins rentable et réduisez un peu le risque ? N'oubliez pas que si vous voulez tout, vous n'obtiendrez généralement rien.

J'espère que ce chapitre sera utile pour faire un pas en avant. Félicitations pour être arrivé jusqu'ici ! Nous continuons !

CHAPITRE 4 - DECOUVRIR LE SECRET D'UNE RENTABILITE ELEVEE : PRIX CIBLES, STRATEGIES ET RISQUES ASSOCIES.

Dans les deux chapitres précédents, nous avons discuté de l'importance d'identifier les investissements présentant une rentabilité substantielle et un flux de trésorerie positif.

De nombreuses méthodes existent pour découvrir des appartements en location à forte rentabilité. Il est toutefois crucial de ne pas négliger les risques associés, qui nécessitent une analyse minutieuse et, surtout, une gestion efficace. Nous allons voir dix stratégies différentes pour atteindre une rentabilité élevée dans la location de logements.

L'une des questions les plus fréquemment posées par les investisseurs débutants est de savoir comment localiser les opportunités immobilières dont beaucoup discutent (mais peu découvrent) et qui génèrent systématiquement des rendements à deux chiffres.

La première chose que je veux vous annoncer, c'est que chaque fois que je lis un titre en ligne expliquant comment atteindre des performances à deux chiffres, je me méfie. Et vous devriez aussi.

Dans la plupart des cas, il s'agit d'articles de faible contenu, inexacts et basés sur des conditions exceptionnelles du passé. Dans ce cas, ce sera différent, nous verrons un contenu pertinent et facile à comprendre.

Le contenu de ce chapitre peut être classé en trois sections principales :

- Premières étapes à suivre et dix stratégies que vous pouvez utiliser pour obtenir ces rendements.

- Nous analyserons les risques associés à ces rendements élevés.

- Et pour illustrer et travailler avec des chiffres à la fin du livre je vais vous montrer un exemple réel.

Installez-vous confortablement et commençons la recherche.

Déterminez le prix de location minimum dans votre zone d'investissement.

La première étape, comme presque toujours, consiste à enquêter. Il faut trouver le prix minimum de location dans la zone où vous souhaitez investir (idéalement à moins de 30 kilomètres de votre domicile habituel, surtout si vous débutez pour faciliter la gestion locative).

Lorsque vous analysez tout type d'investissement, vous devez comprendre d'où vient la rentabilité. Et s'il existe une surrentabilité supplémentaire très importante par rapport à la rentabilité moyenne de l'actif, il faut encore mieux comprendre les principales causes de cette surrentabilité. Il y a toujours une raison qui peut expliquer une rentabilité supplémentaire.

Dans le cas de l'investissement dans l'immobilier locatif, il se produit un phénomène qui se reproduit dans tous les domaines. Il existe un prix minimum de location en dessous duquel les opportunités de location se font rares :

- Dans les grandes capitales, ce prix est peut-être de 1 400 dollars par mois (dans les quartiers les plus modestes).

- Dans d'autres zones métropolitaines, ce prix est peut-être inférieur et s'élève à 1 050 dollars par mois.

- Et il y a aussi des villes où la demande est moindre car il y a moins d'opportunités d'emploi où le loyer minimum pour une maison se situe entre 800 et 950 dollars par mois.

Il est crucial que, dans la zone (y compris le quartier, évidemment) où vous souhaitez investir (en gardant à l'esprit que le marché immobilier est très localisé), vous compreniez ce prix minimum de location. Il est très facile de l'obtenir. Il suffit de faire une recherche sur les portails immobiliers et de trier par prix de location. Ne tenez pas compte des maisons détruites à louer (je mets la main sur mon visage quand je vois ces annonces) et vous verrez vite que de nombreuses locations se concentrent à un prix très bas très similaire.

Voilà ! Vous l'avez déjà. Vous avez désormais trouvé le prix de location minimum habituel pour la zone dans laquelle vous souhaitez investir. Il existe un prix minimum auquel tout appartement en bon état de vie peut être loué.

Pour déterminer le prix d'achat maximum, vous devez payer pour une maison.

Une fois que vous connaissez ce prix minimum, vous pourriez en extraire le prix d'achat maximum en recherchant une certaine rentabilité. Par exemple :

- Le prix de location minimum dans votre région est de 1 200 $ par mois. Vous savez donc que vous pouvez obtenir un rendement à deux chiffres si votre investissement ne dépasse pas 144 000 $. Il est calculé : (1 200 $ x 12 mois / 144 000) x 100 = 10 %. Difficile à trouver, mais comme nous le verrons plus tard, ce n'est pas impossible à trouver.

- En revanche, si le prix minimum de location dans votre région est de 800 $ par mois, vous savez que vous pourrez obtenir un rendement élevé à deux chiffres si votre investissement ne dépasse pas 96 000 $. Il pourrait aussi être calculé ainsi : 800 $ x 12 mois x 10 (si vous voulez 10 %, si vous voulez 12 % par exemple, vous n'avez qu'à changer ce dernier chiffre pour obtenir le prix d'achat maximum).

Le principal défi est que, en analysant le coût réel des appartements par rapport aux revenus locatifs, il devient évident que les opportunités sont rares dans les zones à forte rentabilité. En fait, dans de nombreux cas, ils doivent être créés.

Il existe des appartements qui coûtent deux fois plus cher que d'autres (voire plus) et qui peuvent être loués pratiquement au même prix. Il est important de comprendre cette réalité. En général, les prix des annonces sur les portails ne permettent pas de retrouver ces rendements élevés. Les opportunités de rentabilité élevée ne sont pas abondantes et nous devrons donc utiliser certaines stratégies que nous verrons plus tard pour pouvoir y accéder.

En résumé, nous avons appris que comprendre le prix minimum de location vous aide à définir votre limite de budget d'achat. Passons maintenant à la question suivante :

Comment puis-je trouver des appartements aussi abordables que ceux que vous proposez ?

Maintenant que vous avez compris que la clé du processus est de ne pas dépasser un certain prix d'achat et d'obtenir un prix d'achat inférieur au prix du marché, voyons quelles stratégies vous pouvez utiliser pour y parvenir.

Avant de commencer votre recherche, il est important de réaliser que les meilleures opportunités se situent souvent en dehors de votre zone de confort. Je suis désolé de vous dire que trouver de bonnes opportunités immobilières est possible, mais cela demande quelques efforts. Comme presque tout ce qui vaut la peine dans la vie.

Mais l'effort le plus important est mental car pour obtenir de bons rendements, vous devrez éliminer les préjugés en investissant, peut-être, dans des domaines auxquels vous ne vous attendiez pas, recevoir de nombreux non à des offres qui n'auront aucun sens pour l'autre partie, visiter des appartements qui ont été construits avant tes parents êtes né ou gérez un groupe de travailleurs qui vous aident à rénover un appartement pour y ajouter de la valeur.

Les maisons « prêtes à emménager » ont tendance à être moins rentables. Les gens recherchent le confort et évitent les éventuels inconvénients d'une rénovation.

Maintenant, nous commençons la recherche. Changez d'état d'esprit, gardez l'esprit ouvert et rappelez-vous que la magie d'une rentabilité élevée réside dans un endroit que vous n'avez pas visité depuis longtemps. Veux-tu m'accompagner ?

Dix façons différentes de trouver des logements très rentables.

1.- Étages dans les zones C sur une échelle de zones ABCD.

Ne cherchez pas de maisons dans les rues les plus commerçantes de votre ville. Ne pensez même pas à regarder dans la rue où traînent tous les criminels. Changer le « bon » ou le « mauvais » d'un quartier vous sera impossible ! Et même si le quartier change, si ce quartier a une « réputation de quartier difficile, cette réputation mettra des générations à disparaître ». Évitez donc les pires zones (les zones D sur une échelle ABCD).

En revanche, c'est dans les quartiers modestes et populaires (zones de type C) que l'on trouve les plus grandes opportunités avec le moins de risques. Des quartiers pour la vie. Le genre où, lorsque les enfants quittent la maison, ils cherchent un petit appartement dans le même quartier pour pouvoir être proches de leurs proches. Ce sont des quartiers recherchés depuis soixante ou soixante-dix ans. Il serait rare que la demande diminue dans les décennies à venir.

La recommandation est que vous soyez très rationnel à cet égard. De nombreux investisseurs immobiliers vivent dans des zones A ou des zones B et c'est précisément pour cette raison qu'il leur est difficile d'investir dans des zones C. Si vous recherchez une rentabilité élevée, il est parfois préférable de sortir de votre zone de confort, d'avaler tous vos préjugés. et être le plus rationnel possible dans la recherche du quartier le plus rentable avec le moins de risques possible (quartiers de type C).

Par conséquent, ma recommandation est que vous analysiez attentivement la carte des quartiers de la ville dans lesquels vous souhaitez investir. Essayez de classer chaque quartier dans un classement de A à D et concentrez-vous sur les zones C. Chaque quartier est très différent donc si vous investissez en dehors de votre quartier (car vous habitez dans la zone A ou B) essayez de connaître les différentes sous-zones qui composent celui-ci quartier que vous avez sélectionné.

Quant aux quartiers A. Pouvoir dire à ses amis que l'on habite dans les meilleurs quartiers de sa ville a un prix. Vous signalez au monde « que les choses vont bien pour vous ». Comme quelqu'un qui achète une Rolex pour savoir quelle heure il est. Et ce prix est payé bien plus par le propriétaire que par le locataire. Pour cette raison, les rendements des meilleures zones sont moins bons.

Tout le monde veut un appartement là-bas et les prix montent en flèche. Le risque est évidemment moindre. Le samedi soir, vous aurez l'air d'un champion en buvant de la bière et un verre d' « Albariño », mais à la fin du mois, lorsque vous percevrez le loyer, vous aurez à peine de quoi payer l'hypothèque et un peu plus si vous avez acheté au prix majoritaire.

En termes de rentabilité des logements locatifs, les quartiers populaires tendent à être des paris gagnants.

2.- Sols anciens.

Un de nos investissements. Dans un appartement ancien rénové avec un « ravalement » simple mais efficace. Les appartements plus anciens sont moins chers. Et c'est normal. Parce qu'ils ont une durée de vie moins utile. N'oubliez pas que les sols « s'usent ». Comme des gommes. Oui, oui ! Comme des élastiques. Il y a aussi un moment où il ne reste plus rien (enfin, juste le terrain).

Et à ce moment-là, il faudra peut-être tout reconstruire. Si le sol est de bonne qualité, la construction durera peut-être cent cinquante ans. Si la construction est plus juste, il lui faudra payer pour atteindre l'âge du centenaire.

Ainsi, lorsque vous achetez un appartement ancien, vous acquérez une durée de vie utile moindre et supportez des coûts d'entretien plus élevés. Mais tu sais quoi ? Cela est généralement payant.

Cela compense car les nouveaux appartements ont un prix plus élevé que les coûts que je mentionne. Et c'est normal. Parce que les humains sont très émotifs et que nous décidons par nos sens et notre intuition.

Et le meilleur ? Si vous achetez un appartement ancien et lui donnez un coup de jeune et qu'il a l'air neuf (ou semi-neuf à l'intérieur), vous avez l'avantage de payer le prix d'un appartement ancien et de pouvoir facturer (presque) le loyer d'un appartement neuf.

Peut-être que la rénovation ou le lifting n'en vaut pas la peine. Ou peut-être que oui. Vous devrez faire des chiffres. Mais, pour commencer, je recommande quelque chose que je constate et que certains ne respectent pas. Lorsque vous passez une annonce sur des portails immobiliers, peignez tout l'appartement avant de prendre les photos que vous publiez.

L'avantage est qu'il suffit de le peindre une seule fois, de préférence dans des couleurs claires ou en blanc ; c'est agréable à regarder et généralement bien reçu. Si vous le peignez la première fois, les autres fois les locataires le peindront pour vous car (si vous le précisez clairement dans le contrat de location) ils laisseront l'appartement tel qu'ils l'ont trouvé (et s'ils ne le quittent pas peint pour vous, vous vous approprierez légalement l'argent de leur dépôt comme indiqué dans le contrat).

Alors, peignez l'appartement la première fois s'il vous plaît, prenez de bonnes photos et votre ancien appartement sera bien meilleur et vous le louerez beaucoup plus cher.

3.- Maisons sans ascenseur.

Toutes les maisons que ma femme et moi possédons, sauf une, disposent d'un ascenseur. C'est amusant parce qu'elle et moi essayons d'éviter les ascenseurs autant que possible. Mais bien sûr, quand nos filles étaient petites, nous quittions la maison comme si nous étions en vacances pendant deux semaines et évidemment quand nous étions chargés, nous utilisions l'ascenseur.

Quoi qu'il en soit, nous sommes confrontés au problème typique des biais comportementaux et peut-être ne comprenons-nous pas qu'il existe de nombreuses situations dans lesquelles un ascenseur ajoute à peine de la valeur. Imaginez que vous avez vingt-cinq ans, que vous avez un salaire équitable et que quelqu'un vous pose la question suivante :

Préféreriez-vous avoir un ascenseur et payer 120 dollars de plus par mois en loyer ou ne pas l'avoir et pouvoir utiliser ces 120 dollars ? La réponse est que beaucoup répondront probablement qu'ils préfèrent 120 $ par mois.

Il est important que nous ne soyons pas aveuglés par les préjugés de notre comportement. Les appartements sans ascenseur sont généralement beaucoup plus rentables car :

- Son prix d'acquisition est bien moins cher (Dans de nombreux cas, ils peuvent coûter la moitié du prix, et le loyer que vous facturez est bien supérieur à la moitié si vous disposez d'un ascenseur).

- Le coût communautaire est bien inférieur. Selon le nombre de voisins que vous avez, vous pouvez économiser 50 $ par mois, voire plus. Et toutes ces économies vont dans votre poche sous forme d'avantage puisque n'oubliez pas que les frais de communauté sont payés par le propriétaire.

Maintenant, vous devez prendre en compte deux facteurs importants (ce que vous devez mettre dans la partie risque de la balance risque-rendement) :

- <u>Les maisons sans ascenseur sont moins liquides.</u> Si vous souhaitez vendre un appartement sans ascenseur, cela vous coûtera beaucoup plus de mois (en moyenne) que s'il n'en possède pas (il ne s'agit pas seulement de baisser le prix, car le marché des demandeurs d'appartements sans ascenseur est beaucoup plus petite et est principalement composée d'investisseurs).

- Le temps nécessaire pour louer l'appartement peut également être plus long si la zone dans laquelle vous possédez l'appartement n'est pas très demandée. Vous pouvez simuler cela dans vos chiffres en augmentant le temps d'étage vide.

En résumé, l'ascenseur est une grande invention qui soustrait généralement certains points de rentabilité, même s'il apporte plus de liquidité à l'investissement, car il facilite la vente de la propriété si nécessaire.

4.- Trouver un appartement hérité avec différents héritiers.

Dans de nombreux cas, les héritiers souhaitent vendre l'appartement rapidement et les calculs sont rapides. Si dix frères héritent d'un appartement d'une valeur de 100 000 $, lorsqu'ils le vendront, chaque frère recevra 10 000 $ moins les taxes correspondantes. Si l'appartement n'est pas vendu avant un certain temps, des disputes pourraient surgir : ceux qui ont de l'argent prétendront que cette question ne les concerne pas et ne les concerne pas. Au total, pour 10 000 dollars et ceux qui en ont besoin ont un besoin urgent de la vente.

Ainsi, lorsqu'un héritage met du temps à être vendu, il existe de grandes opportunités de réductions. Parce que baisser de 40 % le prix d'un appartement de 100 000 $ par héritage, ce n'est pas baisser le prix de 40 000 $, c'est baisser « seulement » 4 000 $ par frère ou sœur (s'il y a 10 frères et sœurs, par exemple).

Si vous trouvez des héritages là-bas. Faites une faveur aux héritiers. Faites une offre à la baisse. Gardez l'appartement et résolvez le problème familial. C'est gagnant/gagnant sans aucun doute.

5.- Logement bancaire.

Les banques gagnent de l'argent en prêtant et en facturant des intérêts supérieurs au coût, et non en détenant des propriétés dans leurs bilans. Les banques ont donc un problème (un de plus). Et gros. Parce que dans leurs bilans, ils enregistrent également (par exemple) qu'un appartement a une valeur de (par exemple) 200 000 dollars alors qu'en réalité il vaut 140 000 dollars (ce que le client est prêt à payer). Mais comme les banques sont cotées en bourse, elles ne baissent pas brusquement le prix des appartements. Chaque année, ils provisionnent (en baissant le prix de leur bilan) petit à petit.

De cette façon, ils gagnent du temps et peuvent générer des bénéfices chaque année (même si chaque année qui passe, l'année où ils sont plus faibles ; il suffit de regarder les cotations des banques, elles ont l'air d'une blague).

Les planchers bancaires sont peut-être ceux sur lesquels il est le plus facile de négocier tant qu'il n'y a pas de demande excessive pour un certain plancher. Car de sa part il n'y a aucune émotion. Il n'y a aucun type de lien ou d'attachement. Dans la banque, il existe un système avec un actif évalué à un prix. Dernier point. Le commercial ou l'analyste de banque n'y a pas vécu son enfance.

Le vendeur de la banque (qui fait normalement partie d'une société de marketing) souhaite vous vendre l'appartement. Et il veut le vendre au prix autorisé par l'analyste du bureau central.

Alors lancez des offres et, si vous persévérez, vous pourrez peut-être obtenir un bon prix. En fin d'année, c'est peut-être encore mieux car ils ont des objectifs annuels à atteindre et ils doivent réaliser des ventes, même si c'est à un prix inférieur. Les comptes annuels sont trop importants pour vouloir extraire le dernier euro d'un actif non productif.

6.- Évitez les zones très touristiques. Prioriser les zones métropolitaines.

Investir dans des appartements touristiques peut être très rentable, mais c'est une autre affaire. C'est une activité beaucoup plus intensive en heures de gestion. Des heures que vous pouvez sous-traiter à des entreprises qui vous factureront des frais de service, ce qui signifiera évidemment que votre rentabilité potentielle sera moindre. Ou des heures auxquelles vous vous consacrerez si vous avez beaucoup de temps libre (affaire non évolutive si vous procédez de cette façon).

De plus, lors de la location d'appartements à des fins touristiques, selon votre pays ou région, il est possible que vous ne bénéficiiez pas de déductions fiscales (renseignez-vous quelle est la situation dans votre cas).

L'objectif de cet ouvrage n'est pas de comparer la rentabilité entre locations touristiques ou locations longue durée. Je n'entrerai donc pas dans les détails. Mais il faut savoir que ce sont des métiers différents et, surtout, trois d'entre eux ont des rendements potentiels très différents.

Le problème est que si vous achetez des appartements en location longue durée dans des zones très touristiques, vous jouez au pire jeu immobilier possible. Parce que vous investissez dans un endroit extrêmement cher et en plus vous ne bénéficierez pas des revenus potentiels élevés de la location touristique.

C'est une chose pour vous d'acheter une résidence secondaire, d'en profiter pendant vos vacances et de consacrer le reste du temps à la louer. Et une autre est que vous investissez dans une résidence habituelle dans une zone touristique. Les chiffres ne fonctionneront pas pour vous. Évitez ces zones si vous recherchez un bon retour.

7.- Transformer les appartements de deux chambres en appartements de trois chambres.

Recherchez sur votre portail immobilier de référence des appartements de deux chambres à louer dans une certaine zone. Faites ensuite de même dans la même zone pour les appartements de trois chambres. Remarquez la différence de prix ; cela peut être environ 20

% de plus.

Évidemment, si vous achetez une maison de deux chambres et que vous la transformez en trois, et que la rénovation est abordable, vous pouvez avoir une rentabilité supplémentaire très intéressante.

Eh bien, selon Brandon Turner, l'auteur du fantastique livre « The book on Rental Property Investing », il existe environ 20 % des maisons de deux chambres qui peuvent être transformées en maisons de trois chambres avec un peu de travail.

Alors faites les chiffres et voyez si cela fonctionne pour vous. Et surtout, réfléchissez si vous souhaitez gérer des ouvriers (ou le faire vous-même et consacrer vos week-ends si vous êtes bricoleur).

8.-Maisons à rénover.

Les rénovations développent votre patience comme peu d'activités sont capables de le faire. Les appartements à rénover (et je parle de rénovations majeures) peuvent évidemment générer des opportunités.

Mais la première chose à comprendre est que dès le départ, la complexité est beaucoup plus grande et le processus est beaucoup plus long, donc le risque est également beaucoup plus grand. Quoi qu'il en soit, le parcourir vous fera réaliser que ce n'est pas aussi difficile qu'il y paraît à première vue.

Acheter un appartement à rénover est une affaire plus complexe car il s'agit en réalité de deux activités en une. Aux activités de sélection d'un appartement, de négociation du prix, d'achat de la maison, de sélection d'un locataire et de gestion du locataire, s'ajoute une nouvelle activité qui consiste à rénover une maison.

Dans de nombreux cas, les chiffres ne seront connus que si vous réussissez à gérer la réforme. Et la réforme est une affaire comme une autre, avec ses difficultés inhérentes qui font qu'il y a de bons et de mauvais réformateurs.

Lorsque vous souhaitez acheter un appartement à rénover, vous devez vous attendre à un rendement de votre capital élevé (au moins à deux chiffres). Le travail que vous devez effectuer (ou sous-traiter) comporte des risques inhérents qui devraient largement vous compenser. Par conséquent, lorsque vous faites les chiffres, vous devez commencer à gagner de l'argent de manière significative dès le premier jour de rénovation de l'appartement.

Une fois la maison rénovée, sa valeur marchande devrait déjà dépasser l'investissement total que vous avez réalisé (achat + rénovation).

Regardons les chiffres avec un exemple concret :

Imaginez qu'un appartement de deux chambres (qui n'a pas besoin de rénovation) dans le quartier que vous regardez et présentant des caractéristiques similaires ait un prix approximatif de 350 000 $ (n'oubliez pas de bien comprendre les prix en effectuant une recherche sur les portails immobiliers).

Si vous souhaitez acheter une maison à rénover, le coût de votre appartement (avec taxes) et de la rénovation terminée (également avec les taxes correspondantes) doit être bien inférieur au prix du marché.

Tout le monde comprend que si l'appartement plus la rénovation vous coûte 350 000 $, vous avez fait une mauvaise affaire puisque vous avez perdu beaucoup de temps et d'énergie en chemin pour finir par payer la même chose. N'oubliez pas qu'en achetant un appartement à rénover, vous investissez :

- TEMPS : quelques mois sans avoir d'argent (une rénovation complète d'un appartement de deux chambres peut parfaitement prendre six mois ; je sais qu'ils vous diront quatre mois, mais comptez six mois au cas où).
- MAUX DE TÊTE : beaucoup de temps de gestion (même si les sous-traitants se souviennent de cette maxime qui dit que dans un travail il faut être au sommet du canyon tous les jours ou du moins aller par-dessus bord très fréquemment car,

sinon, le travail n'avance pas au rythme vitesse qu'il devrait).

Alors, à quel point le prix doit-il être inférieur pour que cela en vaille la peine ?

Cela dépend de la valeur que vous accordez à votre prix/heure et de vos maux de tête potentiels. Dans mon cas actuel, avec une famille nombreuse et un métier qui me passionne, mais qui me prend du temps, mon prix/heure est très élevé. Si j'étais au chômage, mon taux horaire diminuerait probablement considérablement.

À mon avis, vous devriez être prêt à prendre le risque et viser une maison au moins 20 % en dessous de la valeur marchande, idéalement en recherchant une remise encore plus importante.

Autrement dit, en continuant avec l'exemple, mon opinion est que je ne chercherais pas une opportunité où le coût de l'appartement et de sa rénovation me coûterait plus de 280 000 $.

Si nous imaginons que l'appartement fait soixante mètres carrés et que la rénovation nous coûte environ 700 dollars par mètre carré (c'est une norme qui varie en fonction de l'état de la maison) et que nous ajoutons quelques imprévus et les taxes correspondantes, nous pouvons rapidement trouver nous-mêmes avec des coûts de rénovation d'environ 53 000 à 65 000 $. Cela implique que payer plus de 185 000 $ sans taxes pour la maison à rénover, ce serait risquer de ne pas gagner d'argent pour la valeur ajoutée de la rénovation.

En conclusion, le prix que vous devriez viser lors de l'achat d'une maison nécessitant une rénovation complète est idéalement la moitié du prix du marché après rénovation. Il s'agit d'une règle non scientifique, mais elle peut vous aider à estimer les prix maximaux à payer pour un appartement faisant l'objet d'une rénovation majeure.

Évidemment, plus la maison est chère, plus vous aurez de marge, et alors la règle ne fonctionnera pas (si vous pensez à des maisons valant plusieurs centaines de milliers de dollars, le prix que vous pourriez payer est plus de la moitié, car en valeur absolue, la rénovation vous coûtera cher, moins).

Mais comme nous nous concentrons sur les appartements à louer et que ceux à moins de 350 000 $ sont ceux qui génèrent la plus grande valeur ajoutée, comme nous l'avons vu au début du livre, cette « règle simple » peut vous aider à ne pas payer plus cher un appartement qui a besoin d'être rénové.

Quelle est la réalité du marché ?

La réalité est que la plupart des appartements à rénover ne respectent pas ce principe et sont mis en vente à un prix beaucoup plus élevé que le prix maximum que vous devriez payer. Si vous êtes en négociation, expliquez le raisonnement que je vous ai expliqué au propriétaire. Soyez transparent avec les chiffres. C'est peut-être ainsi qu'il comprend que le réformateur doit gagner de l'argent pour le travail qu'il accomplit.

De toute façon, il y a plus d'appartements que de poissons dans la mer. Ne soyez obsédé par aucun sol. Et encore moins avec les appartements qui ont besoin d'être rénovés et qui entraînent des maux de tête associés. L'aspirine coûte de l'argent et quelqu'un doit la payer.

9.-Appartements qui n'ont pas été vendus depuis longtemps ou qui viennent d'être mis en vente.

Parfois, les propriétaires font un mauvais prix lorsqu'ils mettent un appartement en vente. Normalement, ils font une erreur et mettent la maison en vente à un prix plus élevé que ce qu'elle aurait été. Mais à certaines occasions (rares, mais cela arrive), le prix de départ est inférieur au marché. Dans ces occasions, le plus rapide gagne.

Je n'ai pas besoin de vous dire que vous devez être très agile lorsque cela se produit. Cela nous est arrivé dans l'une de nos maisons et grâce aux alertes des portails immobiliers, nous avons pu être les premiers à visiter la maison et à conclure la transaction. Si vous connaissez bien votre marché, vous détecterez rapidement ces opportunités, car elles chantent comme des palourdes.

Les « appartements bon marché » demandent beaucoup d'agilité (acheter dès le début) ou beaucoup de patience (acheter beaucoup plus tard). Les chances d'acheter un appartement à un très bon prix augmentent avec le temps. Au début on peut profiter d'un prix de départ incorrect (difficile, mais possible) mais avec le temps les propriétaires deviendront nerveux et seront donc plus accessibles aux éventuelles réductions de prix.

C'est pourquoi nous allons réfléchir à la situation la plus courante. Le propriétaire positionne un prix demandé au-dessus du prix du marché et l'appartement n'a pas été vendu depuis longtemps. Et quand un appartement n'a pas été vendu depuis longtemps, c'est toujours la même chose. Savez-vous ce qui se passe ? Ce qui se passe, c'est que le propriétaire de cet appartement ne reçoit plus d'appels ni de visites.

Si un appartement n'est pas vendu pendant une longue période, c'est uniquement pour deux raisons possibles :

1. Ce plancher a une valeur de zéro dollar ou une valeur négative.
2. Le prix de vente de cet appartement est incorrect.

Comprenant que le problème le plus courant est le deuxième, puisque le premier ne se produit que dans des situations très extraordinaires (il s'agit d'un appartement situé dans une zone sans demande locative et les coûts récurrents le transforment en un bien sans valeur, c'est-à-dire dans une responsabilité), nous devons examiner dans chaque cas si le propriétaire sera disposé à baisser le prix ou non. Et savez-vous ce qui se passe ?

Lorsqu'un propriétaire n'a pas reçu un simple appel depuis neuf mois, lorsqu'il reçoit un nouvel appel concernant son logement, il peut être beaucoup plus ouvert à renégocier un prix qu'il n'aurait même pas envisagé des mois ou des années auparavant. Pendant cette période, le propriétaire a pris en charge tous les frais fixes liés à l'appartement (taxes, assurance, éventuellement hypothèque...).

Filtrez l'ancienneté de l'annonce sur le portail immobilier que vous utilisez le plus et essayez de contacter le propriétaire. Dans certains cas, il est difficile de contacter des annonces plus anciennes et il est généralement difficile de parler à quelqu'un qui puisse expliquer ce qui se passe avec cet appartement. Parfois, lorsque l'annonceur est une agence immobilière, il ne prend même pas la peine de vous contacter après une demande d'informations. Alors, essayez d'être proactif et appelez chaque fois qu'il y a un numéro de contact.

Je vous recommande d'éviter de lancer l'appel en disant que le prix est très cher et que c'est pourquoi ils n'ont pas vendu la maison. Ils le savent déjà. Cela leur a pris du temps, mais ils l'ont peut-être enfin compris.

Vous devez demander ouvertement au propriétaire et à l'agence pourquoi l'appartement est sur le marché depuis si longtemps. Avec une grande humilité. À partir de cette réponse, des questions et de l'approfondissement de la conversation, vous pouvez maintenant décider si cela vaut la peine d'être visité ou non.

Si l'appartement est très éloigné de son prix, il sera difficile d'obtenir la réduction nécessaire pour atteindre la rentabilité élevée que vous recherchez. Dans le cas où sa valeur est plus proche du prix, la remise nécessaire sera moindre et donc les options que vous pourrez acheter à bon prix augmenteront.

Enfin, rappelez-vous qu'il ne faut pas être gêné lorsque vous faites une offre. Si quelqu'un se sent offensé, c'est son problème, pas le vôtre. Dans votre cas, si vous ne vous sentez pas un peu mal à l'aise lors des enchères, c'est peut-être parce que vous êtes trop généreux.

Nous sommes des êtres humains et nous aimons plaire aux autres. C'est quelque chose d'évolutif. Nous sommes des êtres sociaux parce que cela était essentiel à notre survie. Lorsque vous enchérissez sur un appartement, vous devriez ressentir un certain inconfort. Si vous souhaitez atteindre une rentabilité élevée, il est possible que l'offre initiale (faible) que vous présentez au propriétaire le stresse et lui cause un certain inconfort. Mais parfois, le propriétaire réfléchit et pense qu'après tout, votre offre était la première depuis plusieurs mois ou années.

N'oubliez pas que vous pouvez toujours lui dire au revoir en lui disant que, s'il est intéressé plus tard, il pourra vous rappeler (en fait, cela nous est arrivé récemment).

Il est normal que vos offres ne soient pas acceptées. Mais n'oubliez pas que pour acheter un appartement, vous n'avez besoin que d'un OUI (attendez-vous à beaucoup de non). C'est un simple jeu de probabilités.

Gardez à l'esprit que maintenir la politesse dans vos interactions vous sera toujours bénéfique à long terme. Vous pouvez négocier le prix avec assurance tout en restant poli.

10.- Soyez un « résolveur de problèmes ».

Il existe d'innombrables problèmes à résoudre lorsque l'on souhaite acheter une maison. Tous les cas précédents, que je vous ai déjà expliqués, ne sont rien d'autre que la résolution de certaines situations. Mais il y en a bien d'autres dans lesquels notre capacité à les résoudre nous donnera des points de rentabilité supplémentaires :

- Odeurs désagréables.
- Humidité avec champignons dans certaines zones de la maison.
- Jardin et environs négligés.
- Cuisines et salles de bains très anciennes (rappelez-vous qu'une bonne cuisine et une bonne salle de bain changent la perception générale d'un appartement).
- Des appartements de cinquante mètres avec trop de pièces minuscules qui n'ont aucun sens.
- De très petites cuisines et salles à manger séparées qui peuvent être réunies et devenir une très belle cuisine-salle à manger, etc.

Lorsqu'il existe des problèmes évidents, 90 % des acheteurs potentiels les évitent. Et c'est normal. Les problèmes nécessitent votre temps et votre gestion. Et votre temps et votre gestion nécessitent une rentabilité supplémentaire que vous devez obtenir.

Ainsi, si vous êtes un « résolveur de problèmes » immobiliers, vous pouvez obtenir une rentabilité supplémentaire car vous serez en mesure de résoudre des problèmes que d'autres ne voudront pas résoudre ou ne connaîtront pas.

Les problèmes sont associés au risque. Parce que parfois de petits problèmes a priori ne sont pas si faciles à résoudre.

La qualité d'un appartement et le rapport avec sa rentabilité.

Si l'on compare les planchers avec les obligations d'État, des obligations d'État très fiables (par exemple, des États-Unis) avec très peu de risque (AAA) et il existe des obligations de pacotille qui donnent beaucoup de rentabilité, mais le risque de défaut est évidemment plus grand.

Et la même chose s'est produite avec la zone d'achat d'appartements. De très bonnes zones avec de faibles rendements, mais un risque très faible, et vice versa. Je trouve que c'est une comparaison très intéressante. Mais ce qui est bien, c'est que dans le cas d'un investissement immobilier, vous contrôlez le risque.

C'est la clé du rapport risque/rendement. En étant capable de contrôler la situation, vous pouvez réduire considérablement le risque. Si vous disposez d'un processus très clair de sélection des locataires, votre probabilité de non-paiement diminuera considérablement (même si vous êtes en zone C ou si vous louez un appartement à loyer modique), si vous mettez en place les mesures minimales de sécurité et de contrôle, cela sera très difficile. Laissez votre maison être occupée et ainsi nous pourrons continuer.

Votre direction peut transformer une opération à rentabilité élevée et à risque élevé en une opération à rentabilité élevée et à risque faible/moyen. C'est en grande partie ce qui explique pourquoi vos compétences en gestion immobilière sont si importantes.

Un exercice d'équilibre : rechercher une rentabilité plus élevée tout en gérant efficacement les risques.

Nous avons décrit plusieurs façons de résoudre les problèmes ou de sélectionner certains critères (sans ascenseur, ancien, en zone C, avec une longue présence sur le marché, loin des zones touristiques ou des propriétés bancaires), qui nous aideront à gagner en rentabilité alors que notre risque augmente.

L'idée est que vous devez avoir une mentalité opportuniste et être conscient que lorsque vous achetez un appartement en dessous du prix du marché, vous ne profitez de personne. Vous proposez une solution que le vendeur n'avait pas rencontrée jusqu'à présent.

Évidemment, en combinant plusieurs de ces stratégies, vous pouvez toujours gagner en rentabilité. Et vous pourriez également avoir plus de maux de tête et plus de risques.

Même augmenter notre financement bancaire si vous en êtes capable (à 85% voire 90% de la valeur du logement, parfois c'est possible, mais ce n'est pas le but de ce livre de l'expliquer) augmentera évidemment votre rendement du capital investi. Mais qu'en est-il du risque ?

Le problème du risque, c'est de le gérer.

Si votre patrimoine représente cent fois la valeur d'une maison dans laquelle vous assumez beaucoup de risques et que le déménagement ne se passe pas bien, vous le remarquez à peine. Si la valeur de vos actifs est proche de zéro (ou négative) et que le mouvement tourne mal, vous connaissez déjà les conséquences.

Il y a des gens qui ont plus ou moins tendance à prendre des risques. Cela est évident. Ce à quoi vous devriez penser au-delà de votre profil, c'est le moment présent. Ton temps. Pas le marché. Le timing du marché ne peut (jamais) être deviné. Nous n'avons pas de boule de cristal. Qui n'existe pas. Ne vous laissez pas berner par les faux gourous.

Ce que vous pouvez comprendre, c'est votre moment. Votre

moment professionnel, personnel et patrimonial. Votre énergie et votre temps disponible. Votre motivation, votre enthousiasme, votre capacité à être constant (ou non) dans vos actions et objectifs. Il faut aussi réfléchir à son expérience... Si vous vous connaissez bien et faites un effort pour essayer d'être objectif (ce qui est évidemment impossible en raison de la nature de l'exercice), vous pourrez mieux comprendre le risque que vous prenez dans un nouvel investissement.

Chaque investissement comporte un risque différent. Mais le risque dépend toujours de l'investisseur. Si mon métier consiste à rénover des propriétés, faire une rénovation ne présente quasiment aucun risque pour moi. Si mon travail consiste à fournir des prêts hypothécaires, obtenir un bon prêt hypothécaire ne présente presque aucun risque pour moi...

Comprenez-vous, comprenez votre situation et alors seulement vous comprendrez le risque que vous pouvez prendre dans votre cas à un moment donné.

Et une dernière recommandation. Méfiez-vous des avis gratuits des autres (dont le mien évidemment). Écoutez tout le monde (toujours), mais créez le vôtre.

Quels sont les risques ? Qu'est-ce qui peut mal se passer ? Vous recherchez le quartier du bon investisseur immobilier. La méthodologie du « bon investisseur »

La dure réalité est que chaque investissement comporte un certain niveau de risque – aucun n'est exempté. Si on gratte bien, à la fin il y a toujours un risque (parfois le risque est que l'État qui protège certains actifs fasse faillite, mais à la fin, il y a toujours un risque).

La bonne nouvelle est que le risque en investissement immobilier dépend beaucoup de votre gestion.

Si nous traçons une courbe entre la probabilité que des « choses terribles » se produisent et sa relation avec le fait d'agir de la bonne manière (« se concentrer sur une bonne méthodologie de gestion »), nous verrons clairement comment bien faire les choses réduit considérablement la probabilité que nos investissements immobiliers produisent des rendements négatifs.

Bon quartier pour les investisseurs immobiliers.

La zone du bon investisseur est celle où nous devons évoluer. Il y a des choses qui coûtent presque le même effort pour bien les faire que pour les mal faire. Le coût de ne pas sélectionner un bon locataire peut être énorme. Et l'effort nécessaire pour sélectionner un bon locataire n'est pas beaucoup plus grand que de ne pas le faire.

Il en va de même dans la gestion des réparations ou des mesures de sécurité. Notre obsession doit être de nous placer dans la zone du bon investisseur, en gérant avec une bonne méthode et cohérence. Cela équivaudra à de bons rendements et à de faibles risques.

Une fois que nous avons souligné l'importance de bien faire les choses, analysons les risques possibles :

Les principaux risques que nous assumerons lorsque nous investissons dans une maison à louer.

Risque professionnel.

Le taux d'emploi aux États-Unis est faible. En général, il est faible dans tous les pays développés. Même si c'est un vrai problème et qu'il existe. Dans tous les cas, il est important de comprendre que c'est quelque chose de possible mais peu probable. Surtout si vous faites vos devoirs.

Les squatteurs donnent généralement la priorité aux logements des entités bancaires ou des grands actionnaires car ils savent que c'est beaucoup plus facile pour eux et qu'ils génèrent beaucoup moins de bruit dans la société. Ainsi, en investissant simplement en tant que petit investisseur, votre pourcentage de risque a déjà considérablement diminué.

De plus, si c'est vraiment un problème qui vous empêche de dormir la nuit, vous pouvez prendre des mesures supplémentaires pour mieux vous reposer :

- Une alarme.
- Évitez d'acheter des plantes basses.
- Porte blindée avec sécurité supplémentaire

Risque de non-paiement.

Le risque de non-paiement est l'un des risques dont j'aime le plus parler. J'aime ça parce que les solutions sont relativement simples. Il existe deux options pour aborder le problème du non-paiement. Mon option préférée est la première, même si la seconde permet à certains investisseurs de mieux dormir.

- **Solution 1** : Sélectionnez vos locataires avec une méthode rigoureuse en observant les données et les comportements. C'est pour moi la meilleure solution. Sélectionnez vos locataires après un bon processus. Dans mon cas, je recherche des locataires pouvant potentiellement rester cinq ans ou plus. Beaucoup de nos locataires occupent nos appartements depuis longtemps. Évidemment, vous faites des erreurs avec les gens (parfois), mais si vous agissez avec rigueur, la probabilité est bien moindre.

  Si le locataire est le bon, c'est comme lorsqu'on engage un bon professionnel dans une entreprise. Tout est plus facile. Si les locataires restent cinq ans, ils me paieront 105 000 $ pour vivre dans mes appartements (en moyenne 1 750 $ de loyer). Pensez-vous que vous ne devriez pas essayer de connaître le plus possible quelqu'un qui devrait vous payer ce montant ?

  Calculez ce que cela vous coûte de ne pas connaître vos locataires. La sélection des locataires est, une fois que vous possédez le bien, le processus le plus important.

Bon locataire, peu de problèmes. Mauvais locataire, cauchemars c'est sûr. Les gens changent tout (pour le meilleur ou pour le pire).

- **Solution 2 : Assurance non-paiement.** Solution magique. Coût : 5% des revenus locatifs annuels. Cela fonctionne plutôt bien car d'autres font le travail que vous devriez faire lors de la sélection du locataire (même si dans ce cas, ils n'examinent que les données, pas les comportements).

Si vous dormez plus paisiblement, utilisez une assurance non-paiement. L'argent est là pour être utilisé. Apprenez à vous connaître et comprenez si cela vous aide à cet égard.

Mais même si le locataire est solvable, cela ne signifie pas que votre relation future avec lui se déroulera sans problème. Ainsi, si vous souscrivez une assurance non-paiement, essayez d'investir du temps pour faire connaissance avec le locataire avant de lui dire oui.

Si le locataire potentiel n'est pas charmant dans la négociation, au cours des prochaines années, les choses vont se compliquer.

Risque de réparations.

Chaque année, vous aurez des réparations et différentes tâches de maintenance. Enfin, pas tous les ans. Mais vous devriez économiser cet argent car à long terme, une partie de votre budget y sera consacrée.

Si l'appartement est neuf et que vous le louez non meublé, ce pourcentage sera peut-être de 3 %. Si, en revanche, l'appartement est vieux et rempli de meubles et d'électroménagers, ce pourcentage atteindra peut-être 10 %, voire un peu plus.

Les réparations et la gestion des problèmes existeront quoi qu'il arrive. Investir dans l'immobilier sans résoudre les problèmes, c'est comme aspirer à devenir un joueur de football sans subir de défis. La force et la croissance viennent généralement de l'adversité.

La seule chose que vous pouvez choisir est si vous souhaitez qu'ils soient moins fréquents (appartements neufs et non meublés) ou plus fréquents (appartements anciens et meublés). Cette dernière est plus épuisante, mais elle est aussi évidemment plus rentable.

Le risque que la valeur des maisons diminue dans les années à venir.

Dans mon cas, j'investis toujours sur le long terme. Au moins dix ans, mais mon intention initiale est de ne jamais vendre les propriétés. Nous verrons comment ma mentalité et mes priorités évolueront après plusieurs décennies.

Il est vrai que l'inflation a toujours existé. Et elle continuera d'exister, même s'il y a eu et il y aura de temps en temps des périodes de déflation.

Je n'ai aucun intérêt à prédire le marché, mon travail, et ce qui devrait aussi être le vôtre avec ce type d'investissement, est de créer des actifs qui génèrent des revenus (après avoir déboursé 20 ou 30 % de la valeur de ces actifs) qui s'amortissent et en plus, ils me donnent un cash-flow positif chaque mois. Dernier point.

Dans vingt ans, la plupart de mes maisons seront payées. Et si alors la valeur de la maison augmentait de façon phénoménale (c'est le scénario le plus probable). Et si la valeur de la maison a baissé, c'est aussi très bien car cela m'aura sûrement permis d'acheter des maisons plus nombreuses et de meilleure qualité pendant ces vingt années.

Quand on regarde à très long terme, les baisses de marché dans trois ou cinq ans semblent être des anecdotes qu'il faut garder pour soi et raconter à ses petits-enfants.

Comment devrais-je commencer à agir si je devais acheter ma première maison à haut rendement ?

Les vendeurs d'appartements préfèrent vendre une maison à 700 000 $, bien plus qu'une maison à 140 000 $. Vous pouvez imaginer la raison, n'est-ce pas ?

La commission qu'ils génèrent avec une vente plus chère est beaucoup plus élevée et le travail est souvent similaire ou inférieur, puisque les rabais nécessaires pour investir dans des appartements de 140 000 $ ne sont pas faciles à obtenir.

Si je débutais, en plus de gagner évidemment ma vie grâce aux alertes de nouveaux appartements sur les portails immobiliers les plus importants, j'essaierais de recourir à l'aide des meilleurs agents immobiliers.

Le métier d'agent immobilier n'a pas une très bonne réputation. Même si le niveau général est faible et les pratiques qu'ils utilisent ne sont pas toujours les plus éthiques, il existe de bons agents immobiliers. Surtout ceux qui existent depuis longtemps et qui ont su surmonter de graves crises économiques où les ventes subissent des chutes de plus de 50 %, voire s'arrêtent pendant de longues périodes.

Si vous souhaitez contacter un bon agent immobilier, je vous recommande de visiter trois à cinq agences immobilières présentes depuis longtemps dans votre région (oubliez les agences qui ont vu le jour ces dernières années de boom immobilier).

Dites-leur que vous allez investir dans un appartement pour 140 000 à 2 300 000 $ (ou quel que soit le budget que vous avez en tête) et quels sont les critères de rentabilité dont vous avez besoin pour cet investissement particulier. Vous pouvez leur dire qu'en plus de la commission qu'ils prélèveront sur le vendeur, vous êtes prêt à leur payer quelques points de pourcentage supplémentaires ou un montant fixe supplémentaire (2 000, 3 000, 4 000 dollars ?) pour qu'ils voient réellement que vous êtes sérieux. Évidemment, cela remplit votre engagement si vous achetez un appartement par leur intermédiaire avec les critères clairs que vous leur avez fixés.

Les agents immobiliers sont motivés par des incitations. Montrez-leur que leur travail sera récompensé. Et montrez-leur que vous pouvez contribuer à générer des revenus supplémentaires. Une dernière recommandation. Si vous trouvez un bon agent immobilier. Prenez-en beaucoup soin ! C'est un trésor. Si l'agent est bon et que vous êtes un investisseur sérieux, il vous nourrira continuellement d'opportunités (les deals potentiels, le fameux deal flow).

N'oubliez pas que vous obtenez une rentabilité supplémentaire principalement grâce au prix d'achat que vous obtenez. Alors soyez patient. Ayez une méthode de travail et n'ayez pas honte de faire des offres basses. La chose normale est que sur dix ou quinze offres, peut-être une sera acceptée. Comme je vous l'ai déjà dit, s'ils acceptent des offres dans une proportion plus élevée, vous êtes peut-être trop généreux dans votre prix.

Pensez-vous qu'il serait plus facile de générer de la rentabilité ?

N'est pas facile. Et cela demande du temps et des connaissances. Mais ça vaut le coup. Apprenez et répétez constamment le processus encore et encore si vous vous sentez à l'aise. Et enfin, je vous montre un cas réel avec des chiffres pour que vous finissiez la lecture du chapitre avec cette motivation supplémentaire qui vous pousse à agir.

Les chiffres d'un investissement immobilier qui génèrent pour moi 12,4% annuellement depuis quatre ans.

Il s'agit d'un studio au centre de la ville. Il s'agit d'un troisième étage avec ascenseur, déjà rénové, pour lequel ils demandaient 135 000 $. Montant que j'ai finalement fini par payer. Je l'ai acheté cinq minutes après ma visite. C'était un « appartement bon marché ». Et nous avons agi très rapidement.

Nous pourrions utiliser de nombreux ratios ou KPI différents pour calculer la rentabilité de l'opération. Mais passons aux plus simples.

Tout d'abord, calculons le cash-flow de l'opération.

Pour ce faire, nous devrons calculer tous les revenus que la maison nous génère en un an. Et aussi toutes les dépenses.

<u>Flux de trésorerie annuel</u>= revenu annuel - dépenses annuelles.

Commençons par calculer les revenus :

- Dans ce cas, le loyer actuel est de 1 165 $.
- 1 165 $ x 12 mois = 13 980 $ de revenu annuel.

Concernant les dépenses récurrentes de logement.

- La mensualité du crédit immobilier : Dans cette maison, 75 % du montant total a été financé sur vingt-cinq ans avec un taux fixe de 2 %. Par conséquent, le versement hypothécaire qui en résulte est de 438 $. Chaque année, c'est 5 256 dollars.
- Frais communautaires : 70 $ par mois, 838 $ annuellement.
- Assurance habitation : 279 $ annuellement.
- Assurance vie (associée à l'hypothèque) : 350 $ annuellement.
- Taxe foncière : 466 $ annuellement.
- Dépenses d'entretien, on pourrait indiquer 10% (même si elle a été inférieure) : 1 400 $ annuellement.
- Nous allouerons 5 % du temps comme mesure standard du temps d'inoccupation du logement (même si cela a été moins) : 700 $.
- La somme de toutes les dépenses annuelles = 9 309 $.
-

Et, par conséquent, le flux de trésorerie annuel sera : revenus - dépenses = 13 980 – 9 309 = 4 671 $.

Vous devrez soustraire de ce montant les autres taxes que vous payez en fonction de votre pays ou région. Dans notre cas, il restera finalement environ 3 400 $.

Ainsi, à partir de ces analyses, nous pouvons désormais analyser certains ratios de rentabilité :

La rentabilité brute de l'opération (revenu annuel total/coût total du logement avec taxes) = 13 980/ 135 000 = 10,3 %.

C'est une mesure que j'utilise beaucoup pour exclure rapidement les maisons dont je sais qu'elles n'auront pas un bon rendement. En cas de rendement brut supérieur à 6%, je sais que (avec les conditions de financement actuelles) l'opération générera un flux de trésorerie positif sans problème et aussi évidemment la maison s'amortira d'elle-même.

L'un des ratios les plus utilisés est le retour sur argent investi (ROCE). Dans cette maison, nous avons vu que le flux de trésorerie qu'elle nous génère annuellement est de 3 400 dollars. Par contre, nous avons investi 52 750 $ de capitaux propres.

Le ROCE (ou rendement des capitaux propres) est donc de 3 400/52 750 = 6,4 %.

Ainsi, cet investissement nous a demandé de débourser 52 750 $ et nous rapporte chaque année 3 400 $ en argent qui entre dans notre poche (déjà déduit des impôts).

Pour les investisseurs qui se consacrent exclusivement à l'investissement dans le logement locatif, il s'agit d'une mesure essentielle. Probablement, le plus important pour eux.

Pourquoi?

C'est parce qu'il représente le seul argent qui rentre dans leurs poches mois après mois. Par exemple, si quelqu'un voulait avoir un revenu de 3 500 $ par mois grâce à ce type d'investissement, il lui faudrait acheter 11,6 (douze) appartements comme celui que nous avons vu dans l'exemple. 3 400 $ par mois x 12 mois / 3 500 $ = 11,65.

Est-ce la seule rentabilité que nous apporte cet investissement ? Sans aucun doute non !

Il y a d'autres retours très importants dont il faut tenir compte comme je l'ai déjà évoqué au début du livre. Chaque mois qui passe, en plus de mettre de l'argent dans nos poches, la dette hypothécaire diminue. Dans ce cas, durant la première année, le paiement pour amortissement de la dette s'élève à 5 256 $. Sur les 438 dollars mensuels, environ 265 vont au capital amorti et 173 aux intérêts.

De plus, chaque année, ce montant amorti augmente, ce qui signifie que plus d'intérêts sont payés au début de la période qu'à la fin.

Nous considérons ces 5 256 $ de dette en moins qu'il nous reste à la fin de l'année comme un rendement supplémentaire. Et par rapport à notre mise de départ, ce rendement annuel supplémentaire est de 3 180/52 750 = 6 %.

Ainsi, au rendement des flux de trésorerie de 6,4 %, il faut ajouter le rendement de l'amortissement de la dette hypothécaire de 6 %, qui se rembourse grâce au paiement des loyers.

La rentabilité est désormais de 12,4% (cash-flow + désendettement).

Mais en plus, lorsqu'on achète une maison, on achète un bien. Et nous savons que les actifs ont tendance à s'apprécier avec le temps en raison de l'inflation. Ce que dans ce cas nous ne prendrons pas en compte pour les calculs.

Et si vous achetez également initialement un appartement en dessous du prix du marché (comme c'est sûrement ce qui s'est passé dans ce cas et que vous démarrez déjà avec une rentabilité initiale supplémentaire), vous pourriez penser que vous pouvez atteindre des rendements proches de 20% par an pendant dix ans.

Une dernière remarque. Ne laissez pas la rentabilité vous aveugler. Et ne vous laissez pas obséder non plus. Peut-être pensez-vous que les coûts de maintenance proposés (10% des revenus) sont trop élevés et que la rentabilité réelle est plus élevée ou peut-être pensez-vous le contraire. Idem avec les scénarios temporels de la maison vide (qui dépendent d'ailleurs beaucoup de votre gestion) ou avec les estimations d'inflation. Cela n'a pas trop d'importance. Car la réalité est qu'une rentabilité à deux chiffres année après année n'est ni normale ni courante dans de nombreux investissements. Mais comme vous l'avez vu dans le cas des investissements immobiliers dans certains types de logements, cela est réalisable (avec les risques qui y sont associés).

Cette rentabilité élevée est le résultat de vos efforts dans la recherche et surtout dans l'élimination des logements, ainsi que dans leur gestion professionnelle.

Nous avons également d'autres appartements moins rentables. Des appartements qui nous apportent la tranquillité d'esprit. Des appartements qui pourraient être une future maison pour nos filles. Des appartements qui peuvent nous donner des liquidités futures si nous devions les vendre en raison d'événements imprévus (la vie, comme vous le savez, est pleine de surprises).

L'apprentissage est ce qui transforme le monde. Et c'est peut-être l'apprentissage qui peut faire de vous un excellent investisseur immobilier.

CHAPITRE 5 - STRATEGIES FINANCIERES POUR STIMULER VOS INVESTISSEMENTS : DECOUVREZ LES CLES POUR OBTENIR LE MEILLEUR FINANCEMENT ET FAIRE EVOLUER VOTRE PORTEFEUILLE

Lorsqu'un investissement prometteur est à portée de main, le financement devient généralement un défi gérable. Il existe de multiples façons de financer nos investissements immobiliers. Le plus important est que vous compreniez que la première chose est toujours que « l'opération » ait un sens et que les mathématiques s'additionnent. Si les chiffres s'additionnent, nous devrons analyser, en fonction de notre situation, quelle est la meilleure manière de financer ces opérations.

Bien qu'il existe de nombreuses façons de financer les investissements immobiliers, voici une liste que j'aborderai sous peu :

- Prêt hypothécaire.
- FF (Famille et Amis).
- Espèces.
- Deuxième hypothèque.
- Actions ou fonds mis en gage.
- Prêt bancaire personnel.
- Location de salle.
- Subrogation de prêt vendeur.
- Partenariats.

Dix façons de financer une transaction immobilière.

Je suis assez clair sur mes recommandations lorsqu'il s'agit de financer mes propres opérations immobilières. L'hypothèque viagère est ma préférée. Quoi qu'il en soit, pour certaines personnes qui ne peuvent prétendre à un prêt hypothécaire, il existe également d'autres options qui méritent d'être analysées et qui peuvent également fonctionner si elles sont exécutées correctement.

1.- Prêt hypothécaire.

Le prêt hypothécaire est probablement le moyen le plus courant d'acheter votre première maison à titre d'investissement. Il présente sans doute de nombreux avantages : crédit à long terme, taux d'intérêt bas ou encore possibilité de demander un crédit à taux fixe ou variable.

De nombreuses entités proposent ce service et comme il y a beaucoup de concurrence, les options proposées au consommateur sont généralement très variées et très compétitives.

Le moyen le plus efficace d'obtenir le meilleur financement possible est d'avoir plusieurs offres de financement. Si direct et si simple. Mais bon, peu de gens postulent. Dans toute négociation, la clé pour déterminer votre position est d'être prêt à vous retirer lorsque vous avez une meilleure alternative.

Ainsi, dans toute négociation, la première personne que vous devez convaincre, c'est vous-même. N'oubliez pas.

Comment bien négocier un crédit immobilier ?

Le financement est crucial car la rentabilité, et donc la pérennité, de vos investissements immobiliers repose sur deux facteurs fondamentaux :

1. Votre capacité à trouver des investissements rentables.
2. Votre capacité à maintenir le coût de l'argent aussi bas que possible.

Avant le début de la pandémie de COVID-19, les taux d'intérêt étaient restés bas pendant une période prolongée, permettant aux particuliers d'obtenir des prêts hypothécaires à des taux d'intérêt inférieurs à 3 %, à taux fixe ou variable. Actuellement, après une période de taux d'intérêt négatifs, les banques centrales ont augmenté les taux d'intérêt en raison du problème de l'inflation, mais c'est une situation qui ne durera pas éternellement et de toute façon le prix du logement est également affecté par les taux d'intérêt.

Historiquement, si les taux d'intérêt augmentent, le prix des logements a tendance à baisser (ou à augmenter moins qu'auparavant) car leur financement coûte plus cher. Et l'effet inverse devrait également se produire.

Quoi qu'il en soit, bien que le taux d'intérêt hypothécaire soit l'une des variables les plus importantes du prix du logement, ce n'est pas la seule. Le prix du logement dépend de nombreux autres facteurs tels que : le taux d'occupation, le flux migratoire ou la croissance du PIB, entre autres.

Que les taux d'intérêt soient plus ou moins élevés, toute réduction des coûts de financement sera une rentabilité supplémentaire directe injectée dans le filon. Pour négocier efficacement, pensez à rassembler suffisamment d'informations. Utilisez par exemple les comparateurs de crédit immobilier en ligne pour avoir une première compréhension.

Avec ces comparateurs on peut obtenir des conditions assez compétitives en quinze minutes (il suffit de remplir un formulaire) qui nous permettront ensuite de nous adresser à la banque et de démarrer la négociation à partir d'une position plus forte et plus éclairée. Il est particulièrement important que le directeur de la banque comprenne que nous avons déménagé et que s'il veut notre activité hypothécaire, il devra faire un effort et nous proposons des conditions loin des tarifs standards (et généralement plus chers) de l'entité.

Toutes les entités bancaires veulent de bons clients (actuels ou potentiels) et sont prêtes à faire des efforts (marges plus faibles) pour les obtenir.

Lorsque je parle aux investisseurs immobiliers, l'un des commentaires qu'ils répètent le plus est qu'ils regrettent les mauvaises conditions hypothécaires qu'ils ont obtenues lors de leurs premiers investissements. Grâce aux connaissances qu'ils ont accumulées au fil des années, ils pourraient obtenir de bien meilleures conditions. C'est normal. Cela peut arriver à nous tous. Cependant, vous en êtes désormais conscient.

Il est probable que vous ayez l'hypothèque depuis dix, quinze, vingt ou même trente ans, cela vaut donc la peine de travailler au préalable sur le financement et, surtout, de bien jouer vos cartes : même si vous n'avez pas beaucoup de patrimoine ou un des revenus très élevés, cela peut être beaucoup mieux que vous ne le pensez a priori.

Les gestionnaires intelligents veulent des clients investisseurs. Ce sont eux qui finissent par générer le plus de revenus pour la banque. Mais il est également vrai que le profil de risque d'un investisseur novice est plus élevé que celui d'un acheteur de son logement habituel. Il est donc également important que le manager vous connaisse bien et comprenne votre façon d'agir, vos valeurs, votre formation. En cas de doute, votre comportement fera certainement la différence. Comme dans bien d'autres choses dans la vie, le COMMENT est aussi important, voire plus, que le QUOI.

Pour le premier étage, le financement par hypothèque est dans la plupart des cas le meilleur moyen de financement. Cela présente de nombreux avantages pour le consommateur. La loi l'a grandement protégé des clauses abusives et la plupart des frais et taxes supplémentaires doivent être payés par l'entité bancaire (mais ils finissent évidemment par être assumés par le client avec une commission d'ouverture généralement plus élevée ou un taux d'intérêt plus élevé).

Dans le cas où un financement à 100 % est extraordinairement nécessaire.

En principe, il n'est pas conseillé d'augmenter le risque à moins de disposer d'un bon fonds d'urgence. Vous pouvez également prolonger votre prêt hypothécaire jusqu'à quarante ans. Vous pouvez utiliser pour négocier les services de courtiers hypothécaires qui vous factureront une commission supplémentaire si vous travaillez avec eux (maximum selon la loi de 5% du montant du prêt hypothécaire, même si la chose normale est que leur commission varie de 2 à 4% selon le type de service que vous engagez).

Les courtiers en ligne vous accompagneront dans vos démarches et pourront donc également être intéressants pour ceux qui ont moins de temps. N'oubliez pas qu'ils vous factureront ce service.

Prêt hypothécaire à taux fixe ou à taux variable ?

Concernant la grande question de savoir s'il faut choisir un prêt hypothécaire à taux fixe ou à taux variable : il n'y a pas qu'une seule bonne réponse.

Quelques réflexions que je transmets toujours :

- Ce n'est qu'au fil des années que vous saurez si vous avez minimisé ou non vos paiements d'intérêts.
- N'oubliez pas que plus d'intérêts sont payés au début qu'à la fin (même si le versement reste le même).
- Si vous utilisez un taux fixe, vous réduisez une incertitude dans le secteur de la location (le coût du financement) en échange (évidemment) d'un prix plus élevé (au moins dans les premières années).
- Demandez-vous si vous disposez (ou non) de suffisamment de liquidités pour résister à une hypothétique augmentation des taux d'intérêt. Si vous pouvez le supporter (par exemple, amortir), un taux variable est peut-être préférable pour vous, si vous ne le pouvez pas, peut-être un taux fixe. Soyez prudent avec cet exercice : les humains sont très mauvais pour prédire nos besoins 3 à 5 ans à l'avance, imaginez dix ou quinze ans à l'avance !

Bref, le prêt hypothécaire est probablement la meilleure option pour vous lancer dans le monde passionnant de l'investissement immobilier. Mais comme je vous l'ai dit, investissez du temps, acquérez des informations et négociez dur.

Ah ! Et rappelez-vous : un financement solide ne sauvera pas un investissement médiocre, mais un financement inadéquat peut mettre en péril un investissement prometteur.

2.- Partenariats.

J'ai réalisé toutes les transactions immobilières avec un associé. Dans mon cas, ma femme. Si nous n'avions pas réalisé les opérations en commun, la réalité est que les conditions de financement auraient probablement été pires et nous n'aurions probablement pas pu réaliser le même nombre d'opérations.

Comme vous pouvez l'imaginer, investir avec des partenaires n'est pas quelque chose qui ne doit pas être pris à la légère. Même si cela présente des avantages importants (car comme on dit, « avec une entreprise on peut toujours aller plus loin que seul »), il est très important de choisir les bons partenaires. Une erreur dans le choix d'un partenaire coûte très cher (tant d'un point de vue émotionnel que financier).

Lorsque nous parlons d'investissements immobiliers de type buy&hold (achat d'appartements à louer), les investissements s'effectuent sur de très longues périodes (des dizaines d'années dans de nombreux cas). Difficile de savoir si vous et vos partenaires potentiels aurez les mêmes intérêts dans quinze ans. Parce que les priorités dans la vie changent. Pour tous. Par conséquent, lors de la conclusion d'un partenariat, il est toujours très important de conclure un accord de partenariat (par écrit) où il est très clair comment le partenariat prendra fin.

Soyez assuré que tôt ou tard, tout partenariat prend fin. Évidemment, il n'y en a pas d'éternels. Si cela dure longtemps, c'est la mort qui y met fin. Si votre partenaire est votre partenaire, l'accord des partenaires correspond probablement à votre mariage (et au type de régime matrimonial que vous avez signé). Mais si ce n'est pas le cas, pensez à rédiger et signer cette convention d'associés qui reprend les différentes causes de dissolution du partenariat et les conséquences de chacune d'elles. Consultez évidemment un avocat pour rédiger les documents de manière approfondie et légale en même temps.

3.- Prêt bancaire personnel.

Un prêt bancaire peut nous aider à compléter une partie de la mise de fonds à laquelle nous devons faire face lorsque nous investissons dans une maison. C'est également une option intéressante lorsque nous devons entreprendre une rénovation importante et que nous n'avons pas assez de liquidités.

Dans tous les cas, ma recommandation est que l'opération immobilière ait une très bonne rentabilité puisque ce sera le seul moyen de compenser les intérêts bancaires élevés à payer pour le prêt personnel.

Les avantages d'un prêt personnel sont évidents. Il s'agit d'une option relativement facile à obtenir et rapide puisqu'il n'y a aucune garantie hypothécaire qui la supporte. Le problème est que les intérêts sont bien plus élevés que les intérêts hypothécaires. Ils peuvent être de 3 à 7 points de pourcentage plus élevés et, en outre, les montants maximaux sont généralement plafonnés à environ 60 000 $.

La durée maximale de remboursement est d'environ 5 à 7 ans, donc en fonction du montant que nous demandons, nous pouvons nous retrouver avec une mensualité élevée à laquelle nous devrons faire face. Sois prudent. Réfléchissez bien à toutes les options qui s'offrent à vous avant de demander un prêt personnel

4.- Deuxième hypothèque.

Une méthode de financement que vous pouvez utiliser si vous êtes déjà propriétaire d'une maison consiste à contracter une deuxième hypothèque sur cette maison pour payer la nouvelle. Ainsi, vous acquerriez un nouvel appartement tout en conservant la propriété de l'ancien, qui pourrait être loué.

Ainsi, si vous possédez déjà un appartement et que sa valeur est bien supérieure au montant en attente de votre prêt hypothécaire, vous disposez d'une source de financement supplémentaire que vous pouvez utiliser pour investir dans une nouvelle propriété.

5.- FF (Famille et Amis).

Une option récurrente consiste à aller voir la famille (ou même des amis, même si un ami vous laisse de l'argent pour acheter une maison, il se peut qu'il ne comprenne pas vraiment ce qu'il fait). Avec cette source de financement, votre famille pourrait garantir un prêt hypothécaire, permettant ainsi à la banque d'approuver enfin votre crédit. Alternativement, ils pourraient également vous fournir de l'argent sous forme de prêt.

Dans le cas de la garantie bancaire, rappelez-vous que si vous ne payez pas, c'est le membre de la famille qui est responsable de son patrimoine actuel ou futur. Comme vous pouvez l'imaginer, être garant entraîne des conséquences importantes et graves si les choses ne se passent pas bien. C'est une option que, au-delà des lignées les plus directes (parents-enfants), je considère comme assez risquée et, à mon avis, doit être évitée autant que possible pour éviter les malentendus.

La famille (ou les amis) pourraient également vous proposer un prêt personnel pour une durée temporaire déterminée. Dans de tels cas, je recommande de documenter le prêt par écrit et d'en informer le fisc afin d'éviter qu'il ne soit qualifié de don dissimulé.

Le document juridique du prêt doit être très clair sur le montant exact du prêt, le taux d'intérêt appliqué (il doit être conforme aux taux du marché), les délais de remboursement du prêt et même ce qui se passe en cas de non-remboursement du prêt. Il est important de rembourser le prêt par virement bancaire (afin que l'on puisse démontrer que le prêt a été remboursé si nécessaire).

Il n'y a qu'une seule famille. Toi-même. Traitez-vous bien. Et amis pareils, ne les transformez pas en ennemis.

6.- Subrogation des prêts du vendeur.

Il faut savoir que dans certains cas, lorsque vous achetez une maison, il est possible de maintenir l'hypothèque que le vendeur avait sur le bien que vous achetez, vous subrogant ainsi à la dette hypothécaire. Lors d'un achat immobilier, il est généralement possible de prendre en charge l'hypothèque du promoteur. Mais ce n'est pas le seul cas dans lequel cela est possible.

Il est utile de comprendre s'il existe une hypothèque associée à la propriété que vous achetez et si les conditions sont meilleures que celles que vous pourriez obtenir, essayez de subroger cette hypothèque. Évidemment, la banque doit accepter cette subrogation avec l'analyse des risques qui en résulte, mais, si possible, vous pouvez obtenir un financement à de très bonnes conditions.

7.- Louer des chambres dans la résidence habituelle ou louer la maison de vacances.

L'une des personnes les plus riches que je connaisse, avec des actifs de plus de 250 millions de dollars, possède de magnifiques résidences d'été dans différentes régions. Il y a au moins deux domaines dans lesquels je sais qu'il possède des deuxième et troisième propriétés de rêve. Il s'agit généralement d'anciennes fermes ou de fermes restaurées dans les moindres détails.

Le meilleur de tout est que l'entretien de ces propriétés restaurées ne coûte pas un centime au propriétaire. Et ils sont toujours dans les magazines. Comme c'est le cas ? Comme vous pouvez l'imaginer, le propriétaire loue ses résidences lorsqu'il n'en a pas besoin. De plus, il considère sa résidence comme une simple entreprise parmi celles qu'il possède déjà.

Il est curieux qu'une personne possédant des centaines de millions de dollars d'actifs loue sa maison de vacances sans aucun problème et que de nombreux propriétaires ne loueraient en aucun cas leur résidence secondaire même s'ils l'utilisent moins de trente jours par an.

Je respecte toutes les opinions. Il en manquerait davantage. Mais à de nombreuses reprises, pour cette raison, de nombreux propriétaires doivent finir par vendre leur résidence secondaire, car ils ne peuvent pas l'entretenir. Ou pire encore, ils ont des résidences secondaires avec peu d'entretien et donc pendant leurs vacances ils se retrouvent dans des endroits inconfortables (avoir chaud ou froid) car ils ne peuvent pas investir pour avoir les propriétés dans un état optimal.

La vie comporte déjà son lot de défis ; posséder une résidence secondaire dont nous profitons rarement et qui entraîne également des coûts peut ajouter des complications inutiles. En ce moment, vous pourriez vous demander : pourquoi est-ce que je vous explique cette histoire au milieu d'un chapitre sur le financement immobilier ?

La réponse est que lorsque vous achetez une maison et que vous la considérez comme un actif et que vous souhaitez générer de la rentabilité avec elle, il existe de nombreuses façons créatives qui peuvent vous aider à financer cette maison. Que vous utilisiez un prêt hypothécaire ou un prêt privé, la façon dont vous remboursez ces prêts mensuellement peut provenir de différentes sources de revenus.

Ainsi, une option que certains utilisent pour acheter leur première maison à louer est d'acheter une maison pour y vivre et en même temps de l'utiliser également pour louer.

Dans de nombreux cas, les locataires financent ainsi le logement dans lequel ils vivent et commencent à se renseigner sur le secteur de la location immobilière.

Il existe de nombreuses façons de louer un logement pour vous aider à le financer :

- Certains achètent une maison de trois ou quatre chambres et louent les pièces qu'ils n'utilisent pas.
- D'autres louent entièrement la maison où ils vivent uniquement pendant les périodes de vacances avec une forte demande et des prix élevés (et pendant ces périodes ils cherchent à vivre dans d'autres maisons de famille ou d'amis).

- D'autres achètent même des maisons qu'ils préparent et séparent en deux et louent en permanence l'une des deux parties.

- Ou d'autres achètent une résidence secondaire pour leurs vacances et il s'avère que les locations temporaires qu'ils effectuent lorsqu'ils ne l'utilisent pas couvrent tous les coûts de la maison tout en générant de la rentabilité.

Il existe de nombreuses façons de louer votre propre bien. Sans aucun doute, cela peut être un moyen d'acquérir de la confiance et de l'expérience dans le secteur de la location immobilière.

8.- Autres actifs mis en gage (pour les investisseurs ayant des actifs via la banque privée).

La prochaine forme de financement est généralement réservée aux clients disposant d'un certain montant d'actifs. Les soi-disant clients dont les actifs dépassent 1 00 000 $ qui agissent avec des gestionnaires de banque privée. Normalement, la plupart des grandes banques segmentent leurs clients en fonction de leurs actifs actuels ou potentiels afin de fournir des services plus personnalisés à leurs meilleurs clients.

Actifs en gage fait partie de ces services qui ne sont généralement disponibles que pour les clients des banques privées. Pour cette raison, les conditions d'un crédit nanti sont négociées de manière très individualisée en fonction du profil du client.

Le nantissement consiste à immobiliser en garantie des actifs monétaires, tels que de l'argent, des actions, des fonds d'investissement ou des titres à revenu fixe tels que des billets à ordre ou des bons du Trésor, pour obtenir un pourcentage de financement sur le montant immobilisé.

Les prêts sur gage sont rares et souvent méconnus de beaucoup. Bien que le crédit hypothécaire soit accordé avec la garantie d'un bien immobilier, la mise en gage d'un prêt implique de laisser un actif financier en « gage » ou en garantie, comme des actions, des parts de fonds, des dépôts ou une assurance.

Le grand avantage pour le client est que, même si pendant la durée du prêt le bien gagé reste indisponible, il peut continuer à profiter de la rentabilité qu'il génère. Si une action verse un dividende, le client le récupère, mais ne peut vendre les actions que pour rembourser le crédit.

9.- Prêts des réseaux d'investissement privés.

Cette ligne de financement est généralement inconnue, bien qu'elle soit beaucoup plus courante qu'on ne le pense (en particulier parmi la communauté des investisseurs).

Que se passe-t-il lorsque vous ne remplissez pas les conditions habituelles que demandent les banques pour obtenir un financement ?

Certains investisseurs renoncent à continuer d'investir dans l'immobilier, tandis que d'autres ont recours aux prêts privés auprès des réseaux d'investissement. Afin que vous puissiez voir quelques exemples concrets des raisons et des conditions dans lesquelles plusieurs de ces prêts privés sont consentis, je me suis adressé à un prêteur professionnel de bonne réputation pour connaître le détail des opérations qu'il propose.

Je joins quelques exemples ci-dessous pour que vous puissiez comprendre comment ils fonctionnent :

Quelques exemples de conditions de prêts privés avec garanties hypothécaires :

Exemple 1- Conditions financières

- Capital maximum : 2 100 000 $.
- Commission nette d'ouverture pour l'investisseur : 1,00%.
- Intérêt ordinaire : 12,50%.
- Intérêts moratoires : 14,00 %.
- Durée : 12 mois (avec possibilité de prolongation de 6 mois supplémentaires. Commission de renouvellement : 1,00 %).
- Liquidité pour l'investisseur (celui qui met l'argent) : mensuellement.

- Garanties hypothécaires et garanties supplémentaires : Deux maisons unifamiliales sont hypothéquées dans des zones touristiques de grande valeur, à la fois très exclusives et avec des finitions de très haute qualité. Le financement est accordé à une entreprise. Le Loan-to-value (LTV) est de 28%, mais le client garantit également personnellement l'opération.

- Profil du client et viabilité du projet : Il s'agit d'un groupe de sociétés. L'argent sera utilisé pour les travaux imminents sur l'un de ses actifs commerciaux. Ils rembourseront le prêt directement à partir des bénéfices générés par leur activité régulière. De plus, le client possède des actifs immobiliers et a mis en vente deux actifs de son portefeuille immobilier.

Exemple n°2- Conditions financières

- Capital maximum : 2 300 000 $
- Frais d'ouverture : 1,00%
- Taux d'intérêt ordinaire : 12,90%
- Durée : 12 mois
- Liquidité des investisseurs : mensuelle
- RPV : 33,50 %
- Avenant personnel : Oui (du père et de la fille, qui est l'unique administrateur de l'entreprise).
- Objet du prêt : investissements professionnels.
- Hypothèque et garanties complémentaires : le client est propriétaire d'un bien, ainsi que de huit autres biens. - résidentiel et commercial-. Le bien est hypothéqué selon une fourchette préférentielle (hypothèque maximale sur la première hypothèque existante afin que les investisseurs soient en première charge effective). Le financement est accordé à la société détenant l'actif. Le LTV final toutes charges confondues est de 33%, et bénéficie en outre de la garantie supplémentaire de la garantie personnelle du père et de la fille (administrateur unique de la société).
- Profil client et viabilité du projet : client entreprise spécialisé dans le secteur textile. Le capital sera utilisé pour l'internationalisation productive de l'entreprise. Le

89

financement sera résolu avec la vente de l'actif déjà en cours de commercialisation.

Bien entendu, il s'agit de prêts à court terme (d'une durée de plusieurs mois ou de quelques années) garantis par une hypothèque (nécessitant une certaine forme d'actif). Il s'agit de prêts que certains investisseurs immobiliers utilisent lorsque, par exemple, ils achètent un bien à rénover. Il est beaucoup plus difficile d'obtenir un financement bancaire régulier pour des biens ayant une rénovation très importante, car les banques sont plus réticentes à financer ce type d'opération (car s'il y a des problèmes et qu'elles doivent garder le bien, elles savent que la liquidité d'un la propriété à rénover est beaucoup plus petite).

Ainsi, certains investisseurs optent pour des prêts privés pour financer des acquisitions immobilières, réaliser des rénovations, puis louer les logements. Une fois le logement en parfait état, ils contractent un prêt hypothécaire auprès d'un établissement financier, remboursent le prêt privé et liquident la garantie hypothécaire associée au prêt.

Ce sont des opérations spéciales qui n'ont généralement pas beaucoup de sens lors de la réalisation de la première opération immobilière, mais il est important que vous connaissiez leur existence au cas où votre projet viserait à réaliser un nombre important d'actifs immobiliers.

Les taux d'intérêt sont généralement assez élevés (pour attirer les investisseurs qui sont ceux qui prêtent l'argent), mais l'obtention du prêt est assez rapide si vous remplissez les conditions et disposez d'actifs pouvant garantir l'opération.

10.- Espèces (paiement en espèces).

Un de mes bons amis, gérant, a sa résidence habituelle payée et une maison dont il a hérité, dans un environnement idyllique. Alors qu'il accumulait du capital sous forme de réserves, il ne savait pas trop quoi faire des plusieurs centaines de milliers de dollars qu'il avait accumulés sur ses comptes.

C'est pour cette raison qu'il a décidé d'investir dans une maison à louer, en payant le prix total de la maison (et les taxes correspondantes) en espèces. Il a acheté une petite maison pratiquement neuve de deux chambres. Le rendement net final qu'il obtient est inférieur à 3 %. C'est une faible rentabilité, mais elle lui semble bonne lorsqu'il la compare à la rentabilité inexistante des comptes bancaires ou aux hauts et aux bas qu'il ne digère pas bien dans les revenus variables.

Sa philosophie d'investissement repose sur la conviction qu'éviter les dettes rend presque impossible la faillite. Et il a sans aucun doute tout à fait raison sur ce point. Et tu sais quoi ? Je pense que c'est génial (même si je préfère utiliser la dette pour accélérer nos actifs). Il est heureux et calme et c'est sa façon d'acheter sa première maison à titre d'investissement. Il peut payer en espèces parce qu'il a de l'argent et renonce à avoir plus de rentabilité (il pourrait acheter plusieurs maisons avec l'argent avec lequel il en a acheté une s'il s'endettait) pour avoir l'esprit tranquille.

Payer en espèces est une possibilité. Et il faut savoir que ça existe. Et certains investisseurs l'utilisent. Et que chacun soit satisfait de ses décisions. Bien sûr !

Bien que ma principale recommandation soit la voie hypothécaire, il existe des cas où la combinaison de plusieurs sources de financement peut être bénéfique pour obtenir les fonds nécessaires à l'opération.

Conclusion sur l'importance du financement.

Le secteur immobilier repose sur un principe très simple. Les coûts de financement récurrents et tous les coûts associés de l'actif doivent être inférieurs aux revenus récurrents que l'actif nous procure. Lorsque le point précédent est atteint, l'opération a une rentabilité positive et donc chaque mois qui passe il y a plus d'argent dans notre poche. Pour cette raison, comprendre comment nous finançons une opération représente la moitié de l'équation. L'autre moitié consiste à comprendre les revenus.

Le financement est la moitié qui dépend le plus de vous. Vous choisissez par quelles sources vous empruntez, à quelles périodes et même si vous remboursez votre dette par anticipation ou non.

L'information, c'est le pouvoir. Et sous cet aspect, un pouvoir qui vous fera payer beaucoup moins d'intérêts.

N'oubliez pas : il n'existe pas de bon financement qui puisse sauver un mauvais investissement, mais il existe un mauvais financement qui peut ruiner une bonne opération.

CHAPITRE 6 - MAITRISER LA PSYCHOLOGIE DES ACHETEURS ET DES VENDEURS : STRATEGIES EFFICACES POUR NEGOCIER LE PRIX IMMOBILIERS

Certaines négociations peuvent avoir un impact important sur nos vies. Négocier une augmentation de salaire ou réussir une réduction importante à l'achat d'une maison a un impact très important sur nos finances.

Dans ce chapitre, j'analyse comment maximiser nos chances d'obtenir un rabais important sur l'achat d'une maison, que ce soit à des fins d'investissement ou même de résidence personnelle.

La psychologie de l'acheteur : un état d'esprit correct et une maîtrise de ses émotions.

Il ne sera pas toujours possible d'obtenir une réduction sur une maison. En fait, la chose normale est de ne pas l'obtenir. C'est essentiellement un jeu de probabilités. La première chose est donc de préparer la négociation avec une bonne mentalité et de comprendre que si nous voulons négocier avec un état d'esprit fort, calme et, surtout, préparé, notre probabilité augmente.

Nous regardons tous beaucoup de films. C'est normal. Nous aimons les histoires. Et normalement, le négociateur de cinéma est dépeint comme un homme sérieux, avec d'énormes mâchoires et un visage impassible.

Ne fais pas d'erreur. Pour négocier, ce type d'attitude provoque l'effet inverse de celui recherché. Ainsi, si vous visez des négociations réussies, être amical est bien plus efficace que de paraître impassible comme une machine. Bien que je vous dise déjà que rien qu'avec votre gentillesse, vous n'obtiendrez pas de réduction de la part du vendeur.

Il faut une méthode. Une méthode qui vous guide et vous permet de contrôler vos émotions. Il existe plusieurs types d'acheteurs de maison :

- Il y a ceux qui acceptent pratiquement tout ce que le vendeur leur demande. Et ils les remercient également de « les avoir laissés acheter la maison ».
- À l'autre extrême, il y a ceux qui marchandent sur tout et qui ont perdu les négociations parce qu'ils veulent être radicaux et gagner jusqu'au dernier centime.

Le processus de négociation du prix d'une maison est absolument conditionné par les émotions. Tant du côté acheteur que du côté vendeur. Par conséquent, la clé pour obtenir le meilleur prix est de contrôler vos émotions et de bien planifier (être très clair sur vos détails financiers et suivre une méthode fiable pour négocier et maximiser vos options).

Ensuite, je vais vous montrer en détail la méthode qui m'a permis de parvenir à de bons accords pour les deux parties (l'acheteur et le vendeur) dans les différents processus d'achat et de vente de maison que j'ai vécus. Mais avant d'entrer dans les détails de la méthode, la psychologie du vendeur est également importante.

La psychologie du vendeur est généralement très subjective.

Si vous vous mettez à la place du vendeur, vous comprendrez beaucoup mieux quel devrait être votre comportement en tant qu'acheteur. Pour commencer, le vendeur est une personne comme vous, avec tout ce que cela implique.

Le vendeur a des attentes (réelles ou irréelles), il a des sentiments sur la maison (ou non) et il a des besoins (pour la plupart irrationnels, comme presque tous les besoins humains aujourd'hui dans les pays développés.

Si le vendeur pouvait vendre la maison deux fois plus cher, il le ferait. Évidemment. Si le vendeur pouvait choisir à qui vendre la maison parmi une file d'acheteurs potentiels, il choisirait selon ses critères (peut-être celui qui paie le plus rapidement, peut-être celui qu'il préfère, peut-être celui qui prend le plus soin de sa maison bien-aimée...). Nous ne savons pas. Il est difficile de comprendre les millions de circuits neuronaux du vendeur.

Et les vendeurs mettent généralement leurs maisons en vente d'une manière similaire à la façon dont vous publieriez une nouvelle photo sur Instagram. Il clique sur le portail immobilier actuel (seul ou avec l'aide d'un agent immobilier) et espère que des milliers de personnes lui diront à quel point sa maison est magnifique et "s'en débarrasseront".

Et puis, presque toujours, vous recevez à peine un message ou un appel et rien d'autre. Et cet être humain qui joue le rôle du vendeur peut avoir des réactions très différentes face à cette première déception.

Un classique est le suivant : « Celui qui voit ma maison la garde. La valeur n'est pas visible sur les photos. Mais quand il la verra en personne, tout changera. Nous pourrions ainsi continuer à remplir des phrases associées à la psychologie habituelle du vendeur.

Et l'acheteur ? C'est toi. Et vous voulez obtenir une maison en dessous du prix du marché, n'est-ce pas ? Si tel est le cas, vous devez d'abord comprendre la taille du marché dans lequel vous souhaitez prendre une part. La première question que vous devriez vous poser est donc la suivante : combien de maisons en dessous du prix du marché sont vendues dans votre zone cible ? À quelle fréquence une maison dans votre région se vend-elle à un prix inférieur au prix du marché ?

La plupart des maisons de votre région ont évidemment été vendues au prix du marché. En fait, c'est la définition du prix du marché. Le prix de vente rationnel et habituel d'un certain actif. Mais vous en conviendrez, si vous connaissez la fameuse courbe de Gauss, on retrouvera au début de la courbe une série de logements vendus qui seront sans doute à un prix inférieur ou bien inférieur à ce qu'ils devraient être et vice versa.

Cela se produit par pur hasard 5 % du temps (plus ou moins lorsque l'on s'écarte de plus de deux fois l'écart type par rapport à la moyenne). Ainsi, si vous vivez dans une zone peuplée, il est probable que chaque jour ou deux (ou au moins une fois par semaine) les maisons à proximité de votre région se vendent en dessous du prix du marché.

Le vendeur est-il prêt à vendre à prix réduit ?

Vous ne pourrez pas acheter une maison avec une remise importante auprès d'une personne qui n'est pas préparée.

Pour vendre sa maison à un prix inférieur au prix du marché, un vendeur doit soit :

- Comprendre et accepter certains raisonnements.
- Je n'ai aucune idée du prix du marché.

La psychologie joue un rôle fondamental dans la vente (et l'achat) d'une maison. Par conséquent, des événements doivent souvent se produire pour qu'un vendeur soit prêt à vendre à prix réduit. Le plus courant est qu'il faut qu'un temps (ou beaucoup de temps) s'écoule sans que le vendeur ne reçoive d'offres pour que sa mentalité change progressivement.

Accepter que votre maison ne vaut pas ce que le vendeur pense qu'elle vaut est un processus, jamais un événement.

Quoi qu'il en soit, ce n'est pas parce que le vendeur n'est pas totalement fermé qu'il sera facile de le convaincre. Et c'est là que la méthode entre en jeu. C'est à ce moment-là que nous devons tout faire pour garantir que, si le vendeur est disposé à changer de point de vue, nous maximisons les chances d'obtenir une meilleure affaire.

Et tout commence par comprendre la principale motivation de la vente.

La méthode pour aspirer à acheter des maisons en dessous du prix du marché.

1.- Pourquoi la maison est-elle à vendre ?

Dans de nombreux cas, la raison de la vente d'une maison n'est pas si évidente. Et le vendeur le cache généralement. Évidemment, s'il a besoin de vendre rapidement, il n'a pas l'habitude de vous dire : « Je suis désespéré, endetté et j'ai besoin que vous achetiez ma maison à n'importe quel prix ». Cela ne se produit normalement pas. Normal, non ?

Comprendre pourquoi le vendeur vend la maison est bien plus important que vous ne pouvez l'imaginer. Et bien souvent, pour obtenir cette information, le seul moyen est de poser des questions indirectes :

- Allez-vous alors acheter une maison plus grande ?
- Vous logez dans le quartier ?
- Votre travail vous mène-t-il trop loin ?

En fin de compte, la question n'est pas si importante. L'important est de demander ouvertement pour que le vendeur puisse parler. Parfois, le vendeur mettra un certain temps à s'ouvrir et nous devrons donc essayer différentes questions ouvertes à différentes étapes de la première visite.

Quelques raisons courantes de vendre une maison :

- Changement d'emploi.
- Besoin de liquidité.
- Rechercher des logements présentant de meilleures caractéristiques (terrasse, luminosité, hauteur...).
- Comme dans le cas précédent, mais en effectuant un déclassement (trop vieux pour vieillir, pour déménager dans un meilleur quartier, pour être proche d'un enfant...).
- Une relation se rompt et la maison doit être vendue pour clôturer la scène.
- Un héritage qui doit être réparti entre les membres de la

famille.

- Une maison de banque.

Il existe bien d'autres raisons, mais à terme, comprendre la motivation nous permettra de mieux appréhender deux variables fondamentales :

- L'urgence ou la non-urgence de vendre (le temps).
- Sensibilité au prix (diviser un logement entre dix propriétaires n'est pas la même chose que le diviser entre deux, comme nous l'avons déjà vu dans un chapitre précédent. Ou encore devoir régler une dette d'un montant très élevé n'est pas la même chose que devoir la régler avec un faible par rapport à la valeur de la maison.

2.- Le prix initial de la maison est-il correct au prix du marché?

Il semble évident que les maisons les moins bien positionnées en termes de prix par rapport à « leur valeur réelle » sont celles pour lesquelles nous devrions pouvoir négocier des rabais plus importants dès le départ, n'est-ce pas ? Après tout, ils sont très éloignés de la valeur réelle. Mon expérience me dit que ce n'est généralement pas le cas. Je pense que la raison est facile à comprendre.

Lorsqu'une maison est mise en vente à bas prix, c'est parce que le vendeur n'a pas fait son travail et n'a pas regardé (ou n'a pas voulu voir) ce que vaut sa maison au prix du marché.

Cela arrive souvent. En fait, les maisons finissent en moyenne par être vendues avec une remise importante par rapport au prix auquel elles apparaissent initialement sur les plateformes. Il semble qu'en moyenne, les acheteurs potentiels soient prêts à payer 20 % de moins que le prix initial publié. La réalité finale est que (en moyenne) les opérations finissent par se clôturer à mi-chemin entre l'offre du portail et celle proposée par le client.

Pourquoi de nombreux vendeurs sont-ils temporairement aveugles quant au prix de leur maison ?

De nombreux vendeurs définissent le prix en fonction d'un raisonnement qui ne fixe pas le prix mais plutôt en fonction d'un raisonnement personnel qui n'intéresse pas l'acheteur potentiel.

Raisonnement incorrect typique lors de la fixation du prix par le vendeur :

- La maison m'a coûté X dollars il y a Z ans.
- Je dois vendre pour Y dollars pour pouvoir acheter la nouvelle maison que je veux.
- La dette qu'il me reste est de Z dollars.
- Le voisin vend le sien pour XX dollars (il est en vente depuis quatre ans d'ailleurs). Ainsi, le mien, qui a trois mètres carrés supplémentaires et une très belle lampe, vaut XX + 10 % de dollars.
- Regardez la belle peinture que j'ai mise sur le sol. Il est de couleur ivoire.

Ce sont des croyances limitantes typiques du vendeur. Et je vous assure qu'en général, il n'y a qu'une seule façon de surmonter ces croyances. La cause est l'indifférence du marché pendant un bon moment. Par conséquent, lorsqu'une maison neuve est hors de prix, je vous recommande de vous en éloigner. Il sera très difficile de convaincre le vendeur (qui n'a pas su faire un minimum de recherche rationnelle) de vous le vendre avec une remise très importante.

Vous ne pouvez mettre ces maisons cédées sur le radar que lorsque plusieurs mois (ou années) se sont écoulés. Une maison dont le prix est initialement trop élevé peut se transformer en une bonne opportunité au fil des mois ou des années qui passent sans l'attention du marché.

3.- Quelles raisons rationnelles pouvons-nous invoquer pour réduire un prix a priori juste ?

Imaginons qu'il existe une maison qui soit mise en vente à un « juste prix ». Comment pourrions-nous obtenir un supplément qui nous permettrait d'économiser des milliers ou des dizaines de milliers de dollars ? Quels arguments pouvons-nous utiliser ? Quand on veut discuter d'un prix, il faut chercher un point d'appui.

Si l'argument que vous donnez au vendeur est qu'il y a deux maisons comme la vôtre (imaginez qu'il s'agit d'une promotion avec plusieurs maisons à vendre) qui se vendent 10 % moins cher, le vendeur ne peut pas vous donner de réponse solide au-delà de vous dire que son micro-onde est de marque « Smegg » et que cela lui a coûté 580 $. Vous disposez là d'une solide position de négociation.

D'un autre côté, si votre point d'appui est que vous n'aimez pas la couleur du sol et que c'est pourquoi vous allez devoir le changer et investir 7 000 $ dans un nouveau sol, votre point d'appui dans la négociation est très faible.

La recherche de points d'appui solides et (pratiquement) incontestables est la « stratégie rationnelle la plus cruciale » que vous utiliserez pour négocier une réduction de prix avec le vendeur.

Quels sont les points d'ancrage les plus courants qui vous aideront à négocier une remise lors de l'achat d'une maison ?

- L'analyse comparative du marché est fondamentale. Comprenez quelles opportunités similaires existent dans la région et à quels prix. Si vous êtes un investisseur et investissez fréquemment, n'hésitez pas à prouver au vendeur le prix auquel vous avez acheté des logements similaires (évidemment seulement si les informations sont vraies et que les prix sont inférieurs).

- Si vous êtes un investisseur et recherchez une certaine rentabilité, présentez directement le document de calcul de rentabilité (veuillez faire simple) et si vous avez d'autres logements qui répondent à ce critère de rentabilité, montrez également les numéros de ces autres logements au vendeur.

- Votre argument est très clair et simple. "J'ai besoin d'une rentabilité brute de X%, si je n'arrive pas à l'obtenir avec cette maison, je devrai la chercher via d'autres opportunités."

- Discutez des frais de rénovation que vous devrez assumer si vous devez modifier certaines installations de base comme les salles de bains, la cuisine ou l'installation électrique. Pour vous aider dans cet aspect, sachez que certains des coûts de rénovation les plus courants sont :

  o Rénovation complète d'une maison : à partir d'environ 600 $ le mètre carré (vous pouvez évidemment dépenser autant que vous le souhaitez). Une maison d'une centaine de mètres carrés que vous devez entièrement rénover coûtera rarement moins de 60 000 $.

  o Rénovation salle de bain et cuisine : c'est une rénovation assez courante. Le prix moyen pourrait être d'environ 300 à 370 dollars le mètre carré. Normalement, une cuisine complète ne coûte pas moins de 10 000 $ et chaque salle de bain coûte au moins 7 000 $ en main-d'œuvre et en matériaux.

  o Peindre une maison : de 700 $ à 3 500 $ (évidemment selon la taille).

  o Changer toute l'installation électrique : à partir de 5 500 $ environ.

4.- Il n'y a pas que le prix. Vous devez considérer d'autres concepts.

La marche est une excellente activité. Cela nous donne une fraîcheur mentale et nous aide à résoudre de nombreux problèmes de notre vie quotidienne. La même chose se produit lorsque vous négociez. Parfois, il fait bon marcher. Qu'est-ce que je veux dire ?

Il ne faut pas concentrer la négociation uniquement sur le prix. Oui, c'est le facteur le plus important, mais ce n'est pas le seul. Il existe de nombreux concepts à négocier.

Si nous nous retrouvons complètement bloqués sur la question du prix, nous pouvons nous mettre d'accord sur d'autres conditions pour favoriser une plus grande empathie et créer un sentiment de progrès dans la négociation. Puis, une fois que nous aurons « avancé », nous renégocierons à nouveau le prix.

Quels sont les éléments communs, au-delà du prix, que vous pouvez négocier ?

- Un dépôt élevé et rapide pour donner l'assurance que nous clôturerons l'opération et que nous ne sommes pas venus aggraver les choses.

- Le paiement supplémentaire pour des meubles dont le vendeur ne sait pas quoi faire et que nous risquons de finir par jeter plus tard (offrir 100 000 $ pour une maison n'est pas la même chose qu'offrir 95 000 $ + 5 000 $ pour les meubles).

- Oui, pour l'acheteur c'est pareil. Mais pour le vendeur, ce n'est pas le cas. Parfois, ça peut marcher. Je t'assure. C'est parce que nous sympathisons avec la valeur que le vendeur attribue à ses meubles (oui, je sais, des meubles d'une quarantaine d'années qu'on ne pourra pas obtenir en vendant). Pensez à ce que pense le vendeur. Si vous êtes égoïste, pensez aux autres. Vous ferez mieux.

- Délais inhabituels de clôture des transactions. Si vous achetez des maisons abordables, vous pourrez peut-être les payer directement en espèces. Et vous pouvez épargner au vendeur les deux à trois mois « fastidieux » typiques des formalités administratives et des démarches chez le notaire. Si vous pouvez proposer une vente en quelques jours et non en quelques mois, vous disposez d'une arme très puissante.

- Négocier les besoins particuliers du vendeur. Imaginez que le vendeur ait besoin de quelques mois pour chercher un nouveau logement (que ce soit en location ou en achat).

Pourquoi ne lui donnez-vous pas toute la flexibilité nécessaire pour prendre le temps dont il a besoin ? Peut-être en concluant un contrat d'arrhes avec une date d'expiration beaucoup plus longue que d'habitude. Ou peut-être que c'est le contraire qui se produit. Écoutez le vendeur, observez et étudiez ce dont il a réellement besoin et proposez-lui tout ce qui ne vous pose pas de gros problèmes, mais qui facilite énormément la vie du vendeur.

Lorsque vous marchez, votre vision de la situation change. Nous l'avons tous vécu. Marchez avec le vendeur au-delà du prix. Et une fois que vous avez progressé, revenez à la question du prix. D'ici là, vous aurez déjà atteint un accord préliminaire sur quelque chose. Et vous serez sûrement plus près de conclure un accord potentiel.

5.- Le pouvoir et l'importance du temps et mettre toutes les chances de votre côté.

Bonjour, bonjour ! Je m'appelle Albert. Je vais acheter son appartement pour 180 000 $. Oui, celui dont il annonce 260 000 $. S'il le souhaite, la semaine prochaine nous signerons la vente. Calme !

Négocier une remise n'est pas une tâche similaire à celle de préparer du café instantané. Il vous faudra des jours, des rencontres, des moments, des réflexions, des réponses négatives... Et le plus normal c'est qu'au final vous n'en obtiendrez pas le prix. Mais si vous vous engagez régulièrement dans des négociations sur diverses opportunités, vous finirez par économiser des milliers de dollars et obtenir des rendements bien plus élevés.

Vous n'y serez pas parvenu en étant très intelligent. Vous y serez tout simplement parvenu car les probabilités, en fin de compte, se seront alliées à votre façon de travailler méthodique et persévérante. Il est très difficile qu'après avoir fait des dizaines d'offres à la baisse, vous ne puissiez pas obtenir un oui.

Ce que je peux vous assurer, c'est qu'il est IMPOSSIBLE d'obtenir un OUI si vous n'avez fait aucune offre. C'est un axiome irréfutable. Et lorsque vous y parviendrez, je vous assure que peu d'activités dans votre vie vous auront rapporté un meilleur profit/heure qu'une bonne négociation pour l'achat d'une maison.

6.- Comment présenter une offre à la baisse ?

Le processus de négociation peut ressembler dans une certaine mesure au processus consistant à sortir avec un nouveau partenaire. Bien que chaque couple soit différent, il existe généralement certaines phases communes que vous devez connaître.

N'envoyez jamais d'offre le jour même de votre visite dans une maison. Cela ne fonctionne généralement pas. Attendez au moins une journée. Si vous souhaitez visiter la maison, dites au vendeur que vous allez faire quelques calculs et que dans quelques jours vous lui enverrez une offre. N'oubliez pas que dans ce cas, nous parlons de vouloir obtenir une remise importante sur le prix demandé. Si vous êtes d'accord avec le prix de départ, n'attendez évidemment pas et clôturez la transaction au plus vite.

Mais bon, revenons à l'importance d'attendre au moins une journée. Vous créez une attente (et une certaine illusion évidemment du côté vendeur). Et de votre côté, vous diminuez vos émotions et donc on sait déjà que « quand les émotions diminuent, votre pensée rationnelle augmente » ou que « laissez l'oreiller faire son travail ».

Le lendemain ou quelques jours plus tard, vous présenterez une offre inférieure au vendeur avec la série de raisonnements que nous avons déjà évoqués ci-dessus. Si vous négociez directement avec le vendeur, essayez de présenter l'offre en personne. Face à face. En face à face vous aurez plus de chances de voir votre offre acceptée (oui je sais, il faut être plus courageux et cela prend plus de temps. C'est la vie !

Pourquoi ? Parce qu'il est plus difficile pour les êtres humains de rejeter une proposition face à face. Apportez avec vous les raisons écrites sur une feuille de papier. Appuyez-vous sur la feuille lorsque vous expliquez l'offre. La fiche est très importante. Il y a une raison (ou plusieurs) pour laquelle vous faites cette offre financière. Et cet argument est sur papier.

Je sais déjà qu'il est beaucoup plus efficace de ne pas le faire en personne et que cela demande aussi plus de courage. Investir du temps dans un face à face, je vous assure que cela augmente vos chances. Si, par contre, vous présentez l'offre à l'agent commercial, il n'est pas si important que la rencontre se fasse en personne (même si cela aide toujours) et, surtout, demandez à l'agent commercial de remettre une copie de votre argumentation à fixer le prix de la fête vendeuse. C'est important.

Ceci est sous votre contrôle. Jusqu'à présent, tout dépend de vous. Si vous procédez de cette façon, vous aurez augmenté les possibilités et vous pourrez dormir paisiblement la nuit parce que vous avez bien fait votre part.

Si le vendeur décline l'offre, soyez très poli et remerciez-le pour tout le temps investi ou faites une légère contre-proposition. Je dis à la légère car si vous changez radicalement la proposition vous perdez toute crédibilité dans votre argumentation et vous perdez toutes les options dans la dernière phase que nous verrons ci-dessous.

7.- La dernière balle plus de 100 jours plus tard.

La phase finale se produit après 4 à 6 mois. Si à la fin de ces mois la maison est toujours à vendre, contactez le vendeur et dites-lui que vous souhaitez reprendre votre proposition : vous êtes prêt à l'augmenter légèrement si le vendeur est prêt à réduire ses créances initiales.

En 100 à 180 jours, les attentes du vendeur auront peut-être beaucoup changé. Et si cela arrive, vous serez là. Si vous avez bâti la confiance et fait preuve de sérieux et de diligence, vous aurez plusieurs options. Notez qu'à tout contact avec le vendeur dans lequel vous « investissez », vous laissez des graines qui peuvent germer à court ou moyen terme. Par conséquent, maintenez une conduite irréprochable. Toujours.

Quand ils vous disent NON, ne voyez pas cela comme une défaite.

Comprenez que NON fait partie du processus. Et comme une graine que tu as plantée. Et qu'à l'avenir, si vous avez laissé beaucoup de graines, certaines pourront très probablement germer.

Une dernière remarque importante sur la méthode.

J'aime être transparent et je ne supporte pas ceux qui vendent de la fumée. La chose normale est qu'après avoir effectué ce processus et appliqué « la méthode », ils n'acceptent pas votre offre. Clair. Qu'est-ce que vous attendiez ? Vous essayez d'acheter une maison en dessous du prix du marché. Et ce n'est pas facile.

Il est donc normal que cela ne se passe pas bien. Mais si vous utilisez la méthode que je vous ai enseignée, vous aurez bien plus de chances de faire partie de ces acheteurs « à bas prix » qui signent souvent pour une maison en dessous du prix du marché dans les meilleures villes.

N'oubliez pas que presque tous les jours, une maison est vendue à un bon prix dans la région ou à proximité de l'endroit où vous souhaitez acheter. Adoptez, grandissez et apprenez du processus. Chaque jour, il y a un nouveau jeu à jouer.

Prenez soin de votre tête. Prenez soin de ces non. Ne les laissez pas vous décourager. Chaque NON que vous recevez est une victoire, car vous avez eu le courage de soumettre une offre d'achat et vous aurez appris quelque chose de nouveau. Regardez-le sous cet angle.

Pensez à long terme et élaborez un plan. Visiter, analyser, faire les chiffres et proposer. Et encore. C'est le seul secret.

CHAPITRE 7 - LE LOCATAIRE IDEAL : LES METHODES POUR REUSSIR

La sélection des locataires est probablement l'une des phases les plus importantes qui existent pour les propriétaires qui louent nos logements.

Outre les maux de tête que peut causer un locataire inadapté, la gestion d'un mauvais locataire peut entraîner une perte substantielle de rentabilité sur l'investissement.

Pour ces raisons, la sélection des locataires est un processus auquel je consacre le plus de temps. Je suis strictement la méthode que j'ai conçue, en soulignant l'importance d'avoir une approche structurée. Cette méthodologie a évolué au fil de mes expériences avec différents locataires, y compris des cas où des erreurs ont été commises.

Je peux déjà vous dire que ce n'est pas une méthode infaillible et c'est aussi une méthode qui peut sûrement être améliorée. Cependant, dans mon cas, cela fonctionne bien car je pense que le rapport temps investi/efficacité est assez élevé.

Évidemment, investir plus de temps pourrait encore s'améliorer, mais dans l'ensemble, cela ne sera probablement pas rentable. Commençons par quelques principes de base qui nous mettront de l'ordre dans la tête avant de connaître la méthode en détail.

Principes de base lors de la sélection de vos locataires.

- Mieux vaut un appartement vide qu'un appartement mal occupé. Autrement dit, vous ne voulez pas vous précipiter dans ce processus. La même chose se produit avec une offre d'emploi, il vaut mieux l'avoir vide que de la remplir rapidement avec un profil incorrect.

- La méthode est efficace que vous fassiez appel à une agence pour louer la maison pour vous ou que vous gériez directement le processus de location. Si vous le faites via une agence, vous devrez vous impliquer dans les dernières démarches.

- Lorsque vous faites une sélection de personnes, vous pouvez commettre des erreurs. La seule chose que nous souhaitons avec cette méthode est de réduire de manière exponentielle vos risques d'erreur.

- La méthode fonctionne aussi bien pour les maisons bon marché que pour les maisons chères avec une demande plus limitée. La seule différence est que dans les foyers où la demande est moindre, vous aurez besoin d'un processus un peu plus long pour créer la compétence finale (une étape cruciale pour que votre esprit émotionnel ne trompe pas votre esprit rationnel en croyant qu'un candidat est bon pour le simple fait qu'il c'est le seul).

- Comme toute méthode, vous l'intérioriserez avec la pratique.

- Puisque la responsabilité vous incombe, n'hésitez pas à l'adapter à votre situation (surveillez ce que vous simplifiez).

- Mon « locataire idéal » est quelqu'un qui a un horizon temporel à long terme et qui prend soin de la maison car il souhaite y vivre de nombreuses années. Peut-être que pour vous c'est un autre profil. Peut-être recherchez-vous quelqu'un qui puisse vous payer le plus d'argent possible à court terme et qui n'hésitera pas à vous laisser six mois de caution ? Dans mon cas, je préfère entrer un peu moins, mais avoir quelqu'un qui sent que l'appartement lui appartient. Vous pouvez adapter la méthode aux priorités que vous recherchez chez votre « locataire parfait ».

- Et enfin, rappelez-vous qu'il n'y a pas de phase plus importante dans la gestion d'un appartement locatif que le choix d'un locataire. Un mauvais choix à cet égard signifiera des mois ou des années de problèmes évitables.

La méthode en 5 étapes que j'utilise pour trouver le « meilleur locataire possible ».

1-. Obtenez des VISITES de qualité sur les portails immobiliers : téléchargez l'annonce sur les portails en ligne avec une remise d'environ 3 à 5 % par rapport à un prix compétitif du marché.

La première phase a un objectif clair, qui est d'obtenir des potentiels intéressés par l'appartement de la plus haute qualité possible afin qu'ils puissent passer à la phase suivante d'entretiens.

Lors de la mise en ligne de l'annonce, je précise clairement les horaires auxquels ils peuvent appeler afin que cela ne gêne pas mon activité professionnelle ; D'ailleurs, certaines parties intéressées ne s'y conforment pas.

Je télécharge l'annonce avec une remise de 3 à 5% par rapport à la valeur marchande (le prix doit être ajusté pour générer plus de demande), dans l'annonce je mets autant d'informations que possible et précise les informations les plus pertinentes et critiques : les mois de caution et le fait que je recherche des locataires ayant une solvabilité financière. Au cours de cette étape, vous devez également indiquer clairement si vous, en tant que propriétaire, autorisez ou non les animaux domestiques.

Un candidat sérieux, réellement intéressé par l'appartement, n'hésitera pas à appeler selon l'horaire précisé. Évidemment, j'essaie de

INVESTIR EN IMMOBILIER LOCATIF

mettre des bandes larges et je relève toujours le plancher un samedi puisque les deux premiers jours sont ceux où les appels sont concentrés. De cette façon, ce premier week-end, je commence déjà à filtrer la phase suivante que j'explique ci-dessous.

2-. Recevez les premiers appels qui répondent aux exigences que nous détaillons dans l'annonce et commencez à les filtrer.

Le premier appel téléphonique est très important puisqu'il est possible d'en extraire beaucoup d'informations. La première chose que je fais est d'écouter les questions que pose le locataire potentiel pour comprendre ce qu'il n'a pas bien compris dans l'annonce.

Normalement, beaucoup de gens demandent des choses qu'ils ont déjà vues simplement pour que vous puissiez leur donner un peu plus d'informations à ce sujet. Dans tous les cas, si la première question que vous pose un locataire potentiel est de savoir s'il est possible de réduire les deux ou trois mois que je demande de caution ou de garantie, ou s'il est possible de réduire le loyer de l'appartement, vous pouvez commencent déjà à soupçonner certaines priorités ou difficultés du locataire potentiel. Lorsque le locataire a fini de présenter ses questions, deux choses peuvent se produire :

- La première est que vous l'avez déjà exclu sur la base des questions que vous avez posées. Surtout si de nombreuses questions concernaient la caution ou le prix. Dans ce cas, je le remercie et lui dis que les visites débuteront le week-end prochain (si c'est le cas) et que si je suis intéressé qu'il fasse une visite, je répondrais au même numéro de téléphone que celui qui appelle moi.
- Dans. Dans le cas où la conversation a été normale et s'il semble qu'il y ait un réel intérêt et qu'elle n'a pas été auto-écartée, je commence avec ma batterie de questions ouvertes (les questions ouvertes nous donnent toujours un large horizon de connaissance sur l'autre personne).

Liste des questions à poser lors du premier appel téléphonique

- Pourquoi veux-tu vivre dans cet appartement ?
- Pourquoi dans ce quartier de la ville ?
- Où avez-vous vécu auparavant et pour quelles raisons souhaitez-vous changer ?
- Quel pourcentage de vos revenus allez-vous consacrer au loyer ?

La dernière question lors de l'entretien téléphonique, à condition que le candidat ne se soit pas disqualifié plus tôt, est toujours :

- Combien de temps pensez-vous vivre dans cet appartement ?

En posant cette dernière question, n'indiquez évidemment pas à l'avance que vous êtes intéressé par des locataires longue durée. La question doit être ouverte et comme si elle n'avait pas d'importance majeure. Si le locataire potentiel est détendu (essayez de créer un « climat téléphonique » convivial et proche), il aura tendance à vous répondre honnêtement.

Cette dernière question, ainsi que votre situation personnelle, nous en disent long sur vos chances d'être locataire longue durée ou de passage.

Dans notre cas nous recherchons des locations à très longue durée. En fait, nous les préférons même si cela nous oblige à baisser un peu le prix de location du logement.

Nous aimons penser que dans certains appartements, le locataire pense qu'il ne peut pas quitter son logement car il lui serait difficile de trouver un appartement avec ce bon rapport qualité-prix. Ceci (conjugué à la création d'une demande accrue) est la raison pour laquelle le prix de location a été légèrement réduit de quelques points de pourcentage.

Je sais que certains d'entre vous pensent peut-être que je donne de l'argent. Pourrait être. Actuellement, j'apprécie beaucoup mon temps sur une base horaire et je préfère l'investir dans des activités qui me passionnent, comme passer du temps avec ma famille, voyager ou le consacrer à mon métier principal. Et je sais que si je peux choisir un locataire, mon temps de gestion diminue radicalement. Que préfères-tu ? Devriez-vous être celui qui choisit le locataire ou le locataire devrait-il vous choisir parce que vous n'avez pas d'autres alternatives ?

Vous devez jouer avec les probabilités pour augmenter/diminuer celles des variables que vous souhaitez maximiser/minimiser : durée du séjour, risque de non-paiement, prise en charge du logement, gestion des incidents, prix de location...

Si vous avez passé tous les filtres sous forme de questions (dans ce cas j'ai investi une dizaine de minutes), nous prenons rendez-vous pour visiter la maison (ou si elle n'est pas encore disponible - ce qui arrive généralement parce que je loue la maison pour deux ou trois semaines avant le départ de l'autre locataire - nous nous engageons à fermer la semaine avant la visite du logement). J'ai sauvegardé ses informations et lui ai envoyé un message la veille pour lui rappeler la visite prévue. Parfois, il est incroyable de voir comment les gens ne respectent pas leurs rendez-vous et ne le leur font même pas savoir.

3-. La première visite de l'appartement des locataires potentiellement intéressants.

Si l'annonce est bien faite (bonnes photos et beaucoup d'informations descriptives) et est exhaustive dans les informations qu'elle contient, normalement dans la moitié - ou plus - des fois), après la première visite, le locataire potentiel voudra louer la maison. Une même cuisine « propre » ou « sale » donne une apparence complètement différente à la maison. N'oubliez pas de prendre soin de cette partie.

C'est à ce moment-là que nous allons vous poser quelques questions importantes sur le plan professionnel pour mieux vous connaître. Il faut surtout connaître le montant et la sécurité de vos revenus, le type d'entreprise pour laquelle vous travaillez et la date d'ancienneté. Nous n'allons pas encore demander de paie. Mais sur la question économique, beaucoup tomberont pour des raisons évidentes.

Quand je vois clairement que les revenus ne sont pas suffisants, je leur explique, en arguant qu'il existe d'autres candidats qui ont une plus grande sécurité dans le paiement du loyer. Dans le cas où les informations que vous nous fournissez correspondent et que le montant de la location ne dépasse pas 30 à 35 % des revenus totaux des locataires, nous pourrions passer à l'étape suivante.

Nous vous dirons qu'il y a déjà plusieurs personnes intéressées dans l'appartement (à condition que cela soit vrai, évidemment), nous vous demanderons votre nom complet et votre prénom et nous vous l'annoncerons également dans les prochains jours (généralement le week-end suivant) il y aura la sélection finale du locataire et Nous vous avons déjà attribué un jour et une heure afin que vous puissiez planifier et avoir une date en tête.

En attendant, je chercherai des informations sur le locataire potentiel. Surtout sur LinkedIn et Twitter, où se trouvent généralement la plupart des informations professionnelles. Évidemment, il existe des profils dans lesquels aucune information n'est trouvée, mais dans d'autres, il y a des informations très précieuses.

Il est très important de ne pas discriminer les locataires potentiels pour quelque raison que ce soit. Mais n'oubliez pas qu'en tant que propriétaire, plus vous disposez d'informations, meilleure est la décision que vous pouvez prendre.

4 et 5-. Deuxième visite et sélection finale. Entretien final dans la maison que vous allez louer.

Lors des deuxièmes visites à la maison, j'aime recevoir au moins cinq visites très intéressées et qui souhaitent vraiment avancer dans la location. Cette deuxième visite est une visite que beaucoup d'entre vous penseront inutile, mais pour moi c'est la plus importante.

La première chose est qu'en les appelant à un moment où tôt ou tard il y a plus de visiteurs très intéressés, nous mettrons le locataire dans un état mental de vouloir quelque chose qui est très demandé. Après les avoir informés qu'il y a plusieurs finalistes, j'annonce ce qui suit : « Aujourd'hui, je ne vois que des candidats. "Je prendrai la décision finale dans les cinq prochains jours."

Lorsque je prononce cette phrase, j'atteins plusieurs objectifs. Premièrement, je m'attends d'emblée à ce qu'une décision ne soit pas prise aujourd'hui. Alors, je réduis les tensions.

Et la deuxième et la plus importante chose est que je gagne cinq jours pour négocier le contrat avec mon candidat préféré et s'il se désavantage pour quelque raison que ce soit, je peux continuer avec mon deuxième candidat préféré sans qu'il soit considéré comme « la deuxième voie ».

De plus, cinq jours me laissent normalement le temps de signer le contrat (ou de lui laisser plus qu'un mot), ainsi lorsque je réponds aux personnes interrogées intéressées, je peux les informer qu'au final l'appartement a été attribué à un autre locataire et leur donner certaines raisons les bases de la raison de mon choix.

Établir un scénario dans lequel le candidat comprend qu'il n'est pas le seul concurrent et qu'il y en a plusieurs autres est crucial pour la négociation finale. De cette façon, lorsque vous finalisez les détails du contrat, vous pouvez toujours négocier des « choses raisonnables » avec beaucoup plus de force.

Lors de ce rendez-vous, si la maison est meublée, nous nous asseyons sur le canapé (sinon, nous avons la conversation debout) et en gros après une brève introduction j'annonce que j'ai un problème et que j'ai besoin de votre aide.

Mon problème est le suivant :

Il y a cinq locataires potentiels qui veulent la maison et je les aime tous : Pourriez-vous m'aider à prendre une décision ? Pourquoi devrais-je te choisir (ou toi) ? C'est une question très difficile. Très ouvert. De nombreux locataires restent debout au début. Mais je vous assure que vous voyez beaucoup de choses dans les réponses des candidats.

Durant cette phase finale, mon objectif principal est de comprendre les « valeurs » ou traits de comportement de la personne qui vivra dans l'une de nos maisons. Après avoir partagé vos raisons pour lesquelles je devrais envisager de vous louer, ma prochaine étape consiste à explorer vos expériences passées face à des situations difficiles.

Je leur permets de partager des exemples de problèmes ou de points de litige avec l'ancien propriétaire et d'expliquer comment ils les ont résolus. Je suis conscient que cela ressemble à un entretien d'embauche, mais comme pour le recrutement, nous comprenons que la sélection des individus peut être difficile. Et par conséquent, avoir une méthodologie claire et un script de questions clair nous aide à obtenir de meilleurs résultats et à bien mieux sélectionner.

Enfin, nous parlons des problèmes futurs. Je lui raconte des choses qui vont (probablement) arriver et je lui demande qui devra s'occuper de ces problèmes.

La première question est toujours la suivante : est-il nécessaire effectuer entretien de la climatisation ? La réponse du locataire est oui, généralement. La question suivante est : à quelle fréquence faut-il le faire ? Ici, le festival des différentes réponses peut commencer.

Et la dernière question est : qui doit payer l'entretien de la climatisation ? Ici, beaucoup ne connaissent pas la loi. C'est évidemment le locataire (l'entretien est toujours au locataire ; les réparations sont toujours au propriétaire sauf abus de la part du locataire). Ce n'est pas parce qu'ils obtiennent une mauvaise réponse qu'ils ne loueront pas la maison. Pas du tout. Je veux juste comprendre comment il réagit aux questions inconfortables et difficiles à répondre.

D'ailleurs, j'écris toujours sur la climatisation par contrat. De cette façon, il n'y a ni doutes ni surprises. Ainsi que les dépenses liées aux déchets dont le locataire doit prendre en charge. Tous ces « petits problèmes » que l'on peut anticiper et qui ont une réponse très claire, mieux vaut les écrire « textuellement » dans le contrat. Vous vous épargnerez des discussions inutiles. C'est le meilleur pour la relation.

Et s'il s'agit de jeunes locataires nouveaux et n'ayant aucune expérience en location ? Là, les valeurs sont encore plus décisives. Il est normal que s'ils louent pour la première fois, ils ne sachent pas grand-chose du fonctionnement de la relation locataire-propriétaire. Dans ces cas-là, j'oriente même davantage la conversation vers l'avenir. J'« invente » également des problèmes futurs pour comprendre comment ils peuvent réagir dans différentes situations.

L'une des dernières questions (s'il ne s'agit pas de locataires inexpérimentés) est toujours la suivante : Pourriez-vous me fournir le numéro de téléphone des derniers propriétaires de vos précédents logements en location afin que je puisse demander des références ? Les réponses que j'ai reçues à cette question ont été tellement amusantes !

Considérations supplémentaires concernant les entretiens finaux.

Lors des visites/entretiens finaux, je suis toujours avec quelqu'un pour pouvoir partager mes opinions. Je demande toujours son avis au membre de la famille ou à l'ami qui m'accompagne lors de la séance d'entretien après avoir interviewé chaque candidat potentiel. Nous échangeons nos avis si nous avons du temps entre les visites.

C'est à la fin de tous les entretiens que cela m'aide le plus d'être accompagné. Je demande à un membre de ma famille/ami de me donner sa liste de candidats préférés avant de lui donner ma liste. Et je lui demande toujours les principales raisons de sa sélection. Et tout ce processus continue de me donner beaucoup plus d'informations.

En fin de compte, je suis prêt à prendre la décision la plus éclairée possible, compte tenu des facteurs sous mon contrôle jusqu'à présent. Si j'ai fait ce travail, je suis serein car ce qui dépendait de moi, je l'ai déjà fait. L'entrée est déjà là. Nous devons maintenant nous assurer que le résultat est avec nous et que le locataire que nous sélectionnons est vraiment « un bon locataire ».

Nous avons fait notre travail, c'est ce qui est vraiment important.

Si vous louez à long terme et agrandissez vos propriétés, le temps prouvera que la « méthode » est la bonne. Vous verrez qu'en suivant la méthode la vie d'un propriétaire est bien meilleure. Beaucoup plus calme et avec beaucoup moins d'incidents qui pourraient vous empêcher de dormir.

C'est l'un de ces investissements en temps qui rapporte beaucoup. Investir un peu plus de temps au début peut signifier trois, cinq, sept, dix... années de « tranquillité d'esprit ». Quelques aspects supplémentaires qui m'aident à exclure les locataires potentiels :

- S'il commence par des mensonges, même minimes, j'écarte le candidat sans réfléchir.
- Si vous souhaitez négocier très durement sur un aspect très pertinent, je l'exclus généralement, surtout si votre façon de négocier est très agressive.
- S'il n'y a pas de cohérence dans votre historique antérieur ou que vous m'expliquez que vous avez eu des problèmes majeurs avec les précédents propriétaires, j'exclus également cette possibilité (cela semble être un mensonge, mais il y a des locataires potentiels qui vous expliquent que les anciens propriétaires étaient despotique).

Notes finales/détails sur la méthode :

1. Lors de la location d'appartements à bas prix (normalement inférieurs à 700 ou 800 dollars), la demande est forte. Vous avez déjà observé que la clé de la méthode est de générer beaucoup d'intérêt sur le marché pour avoir beaucoup de demande.

2. A vous de décider si vous souhaitez ou non consulter les listes de défaillants (listes ASNEF), selon le type de locataire auquel vous louez.

3. Lorsque vous demandez des références à des locataires précédents, si le locataire a vécu dans plusieurs logements, essayez de demander toutes les références. Dans mon cas, je n'appelle pas habituellement. Le filtre est généralement la réponse à votre demande (s'il y a beaucoup d'excuses, mauvais signe).

4. Parfois, il peut arriver que vous ayez un candidat parfait qui se trouve à la limite des faibles revenus. À l'occasion, j'ai été transparent avec le candidat et je lui ai dit qu'il lui faudrait augmenter le loyer de 5 % pour pouvoir payer l'assurance non-paiement. De cette manière, un grand candidat « pour les valeurs » peut gagner la partie contre un candidat bien meilleur économiquement, mais avec, a priori, « de moins bonnes valeurs ».

5. Les photos et la description de la maison doivent être impeccables (vous pouvez investir dans des photos professionnelles pour un prix relativement bas – moins de 250$).

6. Utilisez plusieurs portails immobiliers en ligne et vous aurez toujours une demande supplémentaire.

7. Payer une demande supplémentaire (vous pouvez mieux positionner votre annonce en payant) sur les portails immobiliers si votre appartement n'est pas à un prix correct du marché est contre-productif (vous le brûlez). Si le prix est correct, cela peut évidemment vous aider à trouver encore plus de locataires potentiels.

8. Si vous le louez directement sans agence, il y a une commission en moins à payer par le locataire. Cela peut également vous aider à créer un peu plus de demande. Mettez-le en évidence dans l'annonce.

9. Ne soyez pas comme beaucoup d'entreprises lorsque vous interviewez des candidats. Informez toujours tous les candidats que vous n'allez pas de l'avant avec le processus. Soyez poli et transparent (vous aiderez le candidat).

10. Le jour de la signature, évidemment je ne remets les clés qu'après avoir reçu la preuve du virement effectué avec les mois de dépôt et le premier mois (normalement on le fait "en direct", avec le mobile).

11. Si vous planifiez bien, vous pouvez louer un appartement en moins d'une ou deux semaines, même si le locataire précédent a quitté l'appartement sans préavis.

"Le locataire idéal" ?

En fin de compte, il est important de comprendre que la méthode n'est évidemment pas infaillible. Si le locataire se trompe, après avoir fait du bon travail au préalable, on peut au moins se dire qu'on a fait notre part. Nous allons nous concentrer, comme toujours, sur ce qui dépend de nous le mieux possible.

Et puis ? La nouvelle vie de propriétaire quand on a un bon locataire.

Parfois, je reçois un message d'un des locataires. Je vois la notification à l'écran et je suis extrêmement paresseux pour l'ouvrir. Lorsqu'un locataire vous envoie (presque) un WhatsApp, ce n'est jamais pour vous féliciter pour votre anniversaire. De manière générale, il s'agit de vous informer de l'un des incidents suivants :

- Le voisin du dessus fait beaucoup de bruit. Tu peux lui dire quelque chose ?
- Le chauffage est en panne (pouvez-vous croire que le même jour, deux chauffages dans deux de nos maisons différentes sont tombés en panne.
- Ma mère ne va pas bien et je souhaite quitter l'appartement avant l'expiration du délai minimum.
- Je veux mettre un tuyau plus long sur la douche pour pouvoir me doucher assis.

Tout ce qui précède sont des cas réels.

À ce stade, il y a à mon avis deux points à commenter : le premier est que dans 95 % des problèmes, je ne visiterai jamais l'appartement ; Je l'évite. Mon temps vaut bien plus. Et c'est pourquoi, lorsque je sélectionne des locataires, je réfléchis à la manière dont ils vont résoudre eux-mêmes les problèmes. Évidemment, quand c'est mon tour de payer, je paie. Et j'ai les numéros de téléphone des spécialistes de référence que je peux envoyer rapidement.

Même le couple plus âgé m'a convaincu que leur fille était là pour les aider. Et quand il y a un problème j'en parle à sa fille, elle est adorable et entre les deux parties on règle tout vite.

Le deuxième aspect crucial est que je m'efforce constamment de voir les choses du point de vue du locataire. C'est pourquoi j'essaie de résoudre le problème (par l'intermédiaire d'autres) le plus rapidement possible.

Gardez à l'esprit que posséder et louer un appartement aujourd'hui est plus facile à gérer que les défis rencontrés dans les années 90. Est-ce que tu sais pourquoi ? Grâce aux outils technologiques dont nous disposons désormais : WhatsApp, Marketplace pour les professionnels en ligne, banque mobile, portails en ligne.

N'oubliez pas qu'au bout du compte, vous sentez déjà que la seule façon de trouver le « locataire parfait » est de ne jamais s'arrêter dans la recherche du « propriétaire parfait ». Si vous ne donnez pas, pourquoi l'autre partie devrait-elle le faire ? Efforcez-vous d'être un meilleur propriétaire chaque jour et, au fil du temps, vous attirerez de meilleurs locataires.

À ce stade du livre, vous pouvez déjà deviner que je suis passionné par l'investissement immobilier dans les logements locatifs, ainsi que par d'autres types d'investissements dont nous avons déjà parlé dans mon autre livre. Et cela me passionne car il y a une grande partie du résultat final, de la rentabilité obtenue, qui dépend de la gestion que nous faisons en tant qu'investisseurs.

REFLEXION FINALE

Vous n'êtes pas obligé de croire littéralement à toutes les stratégies et méthodologies que je vous ai expliquées. En fin de compte, c'est ce qui a fonctionné pour moi. Apportez les adaptations nécessaires, car ces stratégies et méthodes ne sont pas parfaites et différentes approches peuvent avoir fonctionné dans le passé, produisant de bons résultats.

En tout cas, la vision à long terme est quasiment incontestable dans ma stratégie d'investissement, qu'il s'agisse d'investissement immobilier ou d'investissement à revenus fixes et variables au travers de fonds d'investissement et d'ETF comme nous l'avons vu dans « Liberté financière ». Il faut comprendre que rien ne se construit en un jour, mais l'effet des intérêts composés, tant en bourse que dans les investissements immobiliers, est imparable.

Se précipiter et se laisser guider par les émotions ne mène généralement pas au succès à long terme. Il existe différentes manières de gagner de l'argent en investissant dans l'immobilier. Acheter une maison à louer est sans aucun doute mon préféré. Même si ce n'est pas le seul. Acheter pas cher, bien rénover puis revendre peut aussi fonctionner. Bien qu'il s'agisse d'un autre type d'investissement.

Et vous savez déjà qu'on ne peut pas être « bon » dans tout. Gagner l'or au 100 mètres et simultanément au mile est impossible.

Gardez à l'esprit que vous n'êtes en concurrence avec personne ; votre seule compétition est avec vous-même. Ne soyez pas trop dur avec vous-même. Vous êtes unique et irremplaçable. Embrassez votre caractère unique et n'oubliez pas de profiter de votre temps.

La connaissance en investissement immobilier et l'action doivent aller de pair. **Commencez dès aujourd'hui et apprenez tout en cheminant vers la liberté financière grâce à l'investissement immobilier locatif à long terme.**

Si vous avez apprécié le livre, je vous recommande également « Liberté financière : Guide d'investissement pour devenir riche étape par étape avec les fonds indiciels, les ETF et l'immobilier » pour compléter votre revenu passif. Ces formes d'investissement sont ce qui nous a permis, à moi et à ma famille, d'atteindre la liberté financière et peuvent être le moyen d'atteindre la vôtre.

Si vous avez apprécié le livre, partagez votre expérience en laissant un commentaire sur Amazon. Votre avis est crucial ! Si vous l'avez aimé et surtout si vous l'avez trouvé utile, vous contribuerez à lui donner plus de visibilité afin que davantage de personnes puissent bénéficier de ces idées. Je vous encourage également à écrire un commentaire si vous ne l'avez pas aimé, afin que les autres ne perdent pas leur temps et j'améliorerai le livre pour les prochaines éditions.

Merci de faire partie de ce projet !

Jusqu'à la prochaine fois !

Investissement immobilier. Fait partie de Guides de Revenus Passifs. Alexander S.

Date de 1ère édition : décembre 2023

www.ingramcontent.com/pod-product-compliance
Lightning Source LLC
Chambersburg PA
CBHW020539290526
45786CB00002B/958